LA TRAVERSÉE

Jean-Christophe Tixier

LA TRAVERSÉE

Worterklärungen von
Laure Boivin

Ernst Klett Sprachen
Stuttgart

1. Auflage 1 ⁵ ⁴ ³ | 2024 23 22 21

Redaktion: Sylvie Cloeren
Layoutkonzeption: Elmar Feuerbach
Gestaltung und Satz: Satzkasten, Stuttgart
Umschlaggestaltung: Andreas Drabarek
Titelbild: Shutterstock (Elena Schweitzer);
Shutterstock (Zacarias Pereira da Mata), New York;
Foto S.101: Jean-Christophe Tixier, Paris
Druck und Bindung: Plump Druck & Medien GmbH, 53619 Rheinbreitbach

Printed in Germany

ISBN 978-3-12-592324-9

9 783125 923249

Table des matières

À tous ceux que l'on appelle des réfugiés,
qui sont avant tout des hommes,
des femmes et des enfants.
À mon père.

1 **un réfugié** Flüchtling

LA TEMPÊTE

Quand l'embarcation se cabra sur la vague, la coque émit un craquement sinistre. Dans l'instant, les mugissements du vent dispersèrent au loin les cris de terreur. La femme à côté de Sam
5 s'agrippa à sa cuisse, planta ses ongles dans sa chair. Malgré la douleur, il ne bougea pas, serra plus fort encore ses mains sur le gouvernail.

Depuis plusieurs heures déjà, Sam ne se battait plus pour suivre un cap, mais seulement pour maintenir le bateau à flot.
10 Des vagues toujours plus hautes les assaillaient sans relâche de toutes parts. À intervalles réguliers, des gerbes d'eau rageuses jaillissaient, emportant ce qui n'était pas solidement fixé.

D'un mouvement vif de la tête, Sam chassa l'eau qui
15 brouillait sa vue, puis fixa la proue où se cramponnaient les plus costauds. Si l'un d'eux lâchait prise, l'embarcation se dresserait sur la prochaine vague et se retournerait.

Soudain, un paquet de mer frappa la coque par le côté, la fit rouler sur la droite. Sam n'osa pas fermer les yeux, vit l'écume
20 à portée de main.

Une fraction de seconde, l'embarcation hésita avant de se remettre dans l'axe.

Ce n'était pas pour cette fois.

---

1 **une tempête** Sturm – 2 **une embarcation** *naut* un bateau – 2 **se cabrer** *ici :* steigen –
2 **une coque** *ici : naut* Rumpf – 2 **émettre** produire (un son) – 3 **un craquement** *ici :*
Knacken – 3 **sinistre** *ici :* unheimlich – 3 **un mugissement** *ici :* Heulen – 4 **disperser**
verstreuen – 5 **s'agripper à qn/qc** sich an jdm/etw festklammern – 5 **une cuisse**
Schenkel – 5 **un ongle** Nagel – 5 **la chair** Fleisch – 5 **malgré** trotz – 6 **la douleur**
Schmerz – 7 **un gouvernail** *naut* (Steuer)Ruder – 9 **un cap** *ici : naut* Kurs – 9 **à flot** *naut*
über Wasser – 10 **assaillir qn** attaquer qn – 10 **sans relâche** sans arrêt, en continu –
11 **de toutes parts** *fpl* de partout – 11 **une gerbe d'eau** Wasserstrahl – 12 **jaillir** *ici :*
herausströmen – 14 **vif** *ici :* rapide – 14 **chasser qn/qc** faire partir qn/qc – 15 **qc brouille
la vue de qn** wegen etw sieht jd alles verschwommen – 15 **fixer** *ici :* regarder avec
attention – 15 **une proue** *naut* Bug – 15 **se cramponner** sich festklammern – 16 **costaud**
fort – 16 **lâcher prise** loslassen – 19 **l'écume** *f* Gischt – 21 **une fraction** *ici :* Bruchteil –
22 **dans l'axe** *m ici :* droit, en équilibre

Il balaya la proue du regard. Comment être certain que personne n'était passé par-dessus bord ?

Pour s'en assurer, il se retourna, mais les eaux noires avaient déjà avalé leur sillage.

5 Le bateau tanguait de plus en plus fort. Chaque vague surgie de la nuit le soulevait comme une main puissante pour le jeter violemment contre la suivante.

Combien étaient-ils, entassés là ? Plus d'une centaine.

Quand le navire avait quitté la plage, Sam avait
10 approximativement compté leur nombre, tant la surcharge l'effrayait. Des hommes, des femmes, des enfants.

– Trop d'enfants, marmonna Sam pour lui-même.

Des bébés aussi. Dont un qui ne devait pas avoir plus de deux jours.

15 Il fouilla la nuit à la recherche du nourrisson, se dit qu'à cette heure, s'il n'était pas mort étouffé contre sa mère il devait être noyé. Aussitôt, il s'en voulut d'avoir osé penser une telle horreur.

Et pourtant, la réalité était là : perdus au milieu d'une mer
20 déchaînée, ils n'étaient plus vraiment dans la vie.

La pluie se remit à tomber. Plus glacée encore que l'eau de mer. Avec le vent qui soufflait en bourrasques, elle cinglait les visages et les corps à moitié nus.

Au fond de la coque, le niveau de l'eau montait.

25 – N'arrêtez pas d'écoper ! Plus vite ! hurla Sam.

---

1 **balayer qc du regard** observer attentivement partout – 4 **avaler** *ici :* faire disparaître – 4 **le sillage** *ici : naut* Kielwasser – 5 **tanguer** stampfen – 5 **surgir** sortir soudain – 8 **entassé** *ici :* zusammengepfercht – 9 **un navire** *naut* un bateau – 10 **approximativement** ≠ exactement – 10 **tant** *ici :* parce que – 10 **une surcharge** Überladung – 11 **effrayer qn** faire peur à qn – 12 **marmonner** parler de façon peu claire – 13 **dont** *ici :* darunter – 15 **fouiller** *ici :* chercher des yeux – 15 **un nourrisson** un bébé – 16 **étouffé** erstickt – 17 **noyé** ertrunken – 17 **s'en vouloir** être furieux contre soi-même – 20 **déchaîné** *ici :* tosend – 22 **une bourrasque** Bö – 22 **cingler** *ici :* schlagen – 25 **écoper** das Wasser ausschöpfen – 25 °**hurler** crier

Avec le creux des mains ou une moitié de bouteille en plastique pour les mieux outillés, ils menaient un combat que beaucoup jugeaient perdu d'avance. Leur lutte était dérisoire, tant les forces étaient inégales.

5 Sam se cramponna au gouvernail.

Par moments, des éclairs déchiraient le ciel, révélant l'horreur du chaos qui les cernait. Une femme croisa son regard, lui adressa une supplique muette. Pour la rassurer, il tenta de lui sourire, seule une grimace déforma son visage. Par 10 chance, celle-ci fut avalée par l'obscurité.

Sam était gagné par la peur et le doute.

« Que nous arrivera-t-il une fois que tout cela sera terminé ? »

À cette question qui l'obsédait, il n'avait pas de réponse. 15 Et encore moins d'idée sur ce qui se cachait derrière le mot *terminé*.

Malgré ses dix-sept ans, on lui avait confié la barre. Et ce poste lui conférait, aux yeux de certains, un statut de demi-dieu. Mais que pouvait-il face à ces vagues qui se dressaient 20 devant eux telles des murailles, les propulsaient en l'air avant qu'ils ne basculent dans des creux toujours plus profonds, se demandant lequel finirait par les avaler ?

D'heure en heure, l'espoir désertait le bateau.

Sam entendit un homme hurler une prière, aussitôt reprise 25 par d'autres. Ils imploraient le ciel, s'en remettaient aux ancêtres pour les tirer de cet enfer.

---

1 **le creux de la main** die hohle Hand – 2 **outillé** équipé – 3 **dérisoire** lächerlich – 6 **un éclair** Blitz – 6 **déchirer** zerreißen (*ici : fig*) – 6 **révéler** montrer – 7 **cerner qn** être autour de qn – 8 **une supplique** Gesuch – 8 **muet** stumm – 8 **rassurer qn** jdn beruhigen – 9 **tenter** essayer – 10 **avaler** *ici :* cacher – 10 **l'obscurité** *f* Dunkelheit – 11 **le doute** Zweifel – 14 **une pensée obsède qn** ein Gedanken lässt jdm keine Ruhe – 17 **confier qc à qn** jdm etw anvertrauen – 17 **la barre** *ici : naut* Ruderpinne – 18 **un poste** *ici :* Aufgabe – 18 **conférer** *ici :* donner – 20 **une muraille** → un mur – 20 **propulser** wegschleudern – 21 **basculer** umkippen – 21 **un creux** *ici :* Wellental – 21 **profond** tief – 23 **déserter** quitter – 24 **une prière** Gebet – 25 **implorer qc/qn** etw/jdn anflehen – 25 **s'en remettre à qn** *ici :* sich auf jdn verlassen – 26 **un ancêtre** Vorfahr – 26 **l'enfer** *m* Hölle

Soudain, un cri déchirant jaillit à l'avant.

– Ma petite fille ! Ma petite fille !

Des hommes se redressèrent pour tenter de percer la nuit du regard. D'autres, penchés par-dessus bord, fouillaient l'eau de 5 leurs bras.

Sans succès.

– Ma petite fille ! Ma petite fille ! hurla de nouveau sa mère.

Une seconde, Sam fut tenté de pousser sur le gouvernail pour que le bateau vire à bâbord, puis fasse demi-tour. Mais 10 une telle manœuvre les placerait en travers du courant et les ferait chavirer. Aussi, malgré le désespoir qui lui mordait le cœur, il garda le cap.

Telles des lames, les cris de cette femme lui lacéraient le ventre. Il serra les dents, sentit des larmes brûlantes couler sur 15 ses joues. Depuis quand n'avait-il pas pleuré ?

Soudain, une vague plus puissante encore souleva le bateau. La proue se dressa vers le ciel déchaîné, sembla s'envoler. Dans un rugissement strident, l'hélice du moteur quitta l'eau.

L'instant d'après, il n'y eut plus de haut, ni de bas. Durant 20 de longues secondes la coque resta suspendue entre mer et ciel, avant de retrouver le contact de l'eau par l'arrière. Sous la violence du choc, elle se disloqua et chacun lâcha prise. Les corps furent projetés les uns sur les autres dans un ballet macabre.

25 Sam s'enfonça profondément dans l'eau glacée, quittant le tumulte de la tempête pour un monde terrifiant de silence.

---

3 **percer la nuit du regard** voir dans la nuit – 4 **penché** gebeugt – 9 **virer** *ici :* tourner – 9 **à bâbord** *m naut* à gauche du bateau – 9 **faire demi-tour** umkehren – 10 **en travers de qc** quer durch etw – 10 **le courant** *ici : naut* Strömung – 11 **chavirer** kentern – 13 **lacérer** zerreißen (*ici : fig*) – 14 **brûlant** glühend heiß – 15 **une joue** Backe – 17 **déchaîné** entfesselt – 18 **un rugissement** Heulen – 18 **strident** schrill – 18 **une hélice** *ici :* Schraube – 20 **suspendu** hängend – 22 **se disloquer** in die Brüche gehen

DANS L'EAU

Passé le choc, Sam reprit ses esprits.

Respirer. Il fallait respirer. Ses poumons vides le brûlaient.

De ses bras et de ses jambes, il prit une impulsion pour
5 regagner la surface.

Alors qu'il remontait, sa main effleura un pied, ou une main.
À tâtons, il chercha le corps, le saisit et l'entraîna vers le haut
avec lui.

Quand il refit surface, il tenait dans ses bras une fillette. Un
10 instant, il crut qu'elle était morte, mais elle se mit à tousser et
cracher l'eau qui avait en partie envahi ses poumons.

– Agrippe-toi ! lui commanda-t-il en attrapant un bidon en
plastique qui flottait à portée de sa main.

Sans un mot, affolée, la fillette le serra dans ses bras, battant
15 la surface de ses pieds.

Sam lui caressa la joue, repoussa ses tresses ruisselantes vers
l'arrière pour lui dégager le visage.

– Laisse-toi porter, murmura-t-il d'une voix calme.

Des détritus de toutes sortes flottaient autour d'eux. Là des
20 chaussures, plus loin un boubou. Des morceaux de bois, des
bouteilles en plastique. Il distingua des corps, des bras s'agiter
qui, par intermittence, disparaissaient derrière la crête des
vagues.

À chaque assaut, la houle menaçait de les arracher à leur
25 bouée de fortune. Combien de temps dérivèrent-ils ainsi ?

---

2 **reprendre ses esprits** *mpl* wieder zu sich kommen – 3 **un poumon** Lunge – 5 **la
surface** *ici* : Wasseroberfläche – 6 **effleurer** toucher légèrement – 7 **à tâtons** tastend –
7 **saisir** prendre, attraper – 10 **tousser** husten – 11 **cracher** (aus)spucken – 12 **un bidon**
Kanister – 13 **flotter** *ici* : schwimmen – 14 **affolé** terrifié – 16 **caresser** streicheln –
16 **une tresse** Zopf – 16 **ruisselant** sur lequel/laquelle coule de l'eau – 17 **dégager** *ici* :
freimachen – 18 **murmurer** parler à voix basse – 19 **des détritus** *mpl* Abfall – 20 **un
boubou** grande tunique portée en Afrique – 21 **distinguer** reconnaître – 21 **s'agiter**
bouger – 22 **une crête** *ici* : Kamm – 24 **un assaut** une attaque – 24 **la °houle** Seegang –
24 **menacer de faire qc** *ici* : pouvoir à tout moment faire qc – 24 **arracher** *ici* :
wegreißen – 25 **une bouée** Rettungsring – 25 **de fortune** *expr* improvisé – 25 **dériver**
abtreiben

Enfin, la mer se fit plus calme, comme apaisée, telle la lionne qui finit de dévorer sa proie.

– Ne bouge pas d'ici, je reviens, glissa-t-il à l'enfant.

D'un crawl rapide, Sam s'éloigna sans trop savoir ce qu'il cherchait.

Une femme s'accrocha à sa cheville. Il but la tasse. En secouant la jambe, il parvint à lui faire lâcher prise et interpella un homme pour qu'il l'aide.

Plus loin, il heurta un corps inerte. Il posa ses doigts tremblants sur son cou, ne sentit pas son pouls. Il s'agissait d'un homme d'une quarantaine d'années.

Combien de rescapés étaient-ils ? Sam repoussa cette interrogation. L'urgence était ailleurs.

Pour espérer survivre, il devait retrouver le bateau, ou du moins son épave.

– Quelqu'un a vu le bateau ? hurla-t-il à deux reprises.

La réponse qu'il espérait ne jaillit pas.

Le mieux, pensa-t-il, était de décrire des cercles concentriques de plus en plus larges autour de sa position pour tenter de le repérer. Mais il n'était pas convaincu que cette tactique fût la bonne.

Le froid et la peur tétanisaient ses muscles, rendant ses mouvements de plus en plus saccadés, de moins en moins efficaces. Combien d'heures tiendrait-il ?

À intervalles réguliers, Sam scrutait les ténèbres à la recherche d'une masse plus sombre encore dont dépendait leur salut à tous. Il tentait d'apprivoiser la lumière nocturne, mais

---

1 **apaisé** calme (→ la paix) – 1 **une lionne** Löwin – 2 **dévorer** fressen – 2 **une proie** Beute – 3 **glisser** *ici :* dire – 6 **la cheville** Knöchel – 6 **boire la tasse** Wasser schlucken – 7 **secouer** schütteln – 7 **parvenir** réussir – 7 **interpeller** appeler – 9 °**heurter qc/qn** gegen etw/jdn stoßen – 9 **inerte** (qui semble) sans vie – 10 **tremblant** zitternd – 10 **le cou** Hals – 12 **un rescapé** Überlebender – 14 **du moins** zumindest – 15 **une épave** *naut* Schiffswrack – 16 **à deux reprises** *fpl* deux fois – 18 **décrire un cercle** *ici :* nager en formant un *cercle* (Kreis) – 20 **repérer** trouver – 22 **tétaniser** *ici :* verkrampfen (lassen) – 23 **saccadé** ruckartig – 24 **efficace** effizient – 25 **scruter** observer attentivement – 25 **les ténèbres** *fpl* Dunkel – 27 **le salut** *ici :* Rettung – 27 **apprivoiser qc** *ici :* s'habituer à qc – 27 **nocturne** → la nuit

le sel qui brûlait ses yeux l'en empêchait. Alors il se remettait à nager, avec l'espoir de former de véritables cercles. Emporté par le courant, peut-être s'éloignait-il irrémédiablement de ses compagnons d'infortune.

5 Après un long moment, Sam s'arrêta de nouveau pour fouiller la nuit.

À une dizaine de mètres, il reconnut le bidon jaune, puis la fillette qu'il avait sauvée un peu plus tôt.

Un sentiment mêlé de soulagement et de désespoir l'envahit.
10 Sans s'en rendre compte, il était revenu à son point de départ.

Il se rapprocha de la fillette, s'agrippa au bidon pour reprendre son souffle.

– Comment t'appelles-tu ? demanda-t-il.

– Nafi.

15 – Quel âge as-tu ?

– Neuf ans.

– Tu es seule ?

– Non, j'étais avec ma mère et mon petit frère.

Sam regretta aussitôt sa question.

20 Il s'apprêtait à lui dire quelques mots rassurants quand une odeur de mazout portée par le vent emplit ses narines. Le carburant échappé du réservoir, réalisa-t-il. Le bateau, ou ce qu'il en restait, devait se trouver à proximité.

Dans l'instant, Sam oublia la fatigue, oublia la douleur. Il
25 oublia aussi qu'il se trouvait quelque part en Méditerranée, entre la côte africaine et la côte italienne. Il oublia que personne ne savait qu'ils étaient là, que la nuit était encore longue, que la mer n'avait pas dit son dernier mot.

– Je vais tout faire pour retrouver ta mère et ton frère. Mais
30 promets-moi de t'accrocher à ce bidon et de ne le lâcher sous aucun prétexte.

---

1 **le sel** Salz – 3 **irrémédiablement** hoffnungslos – 4 **l'infortune** f le malheur, *ici :* l'accident – 8 **sauver** retten – 12 **le souffle** Atem – 19 **regretter** bedauern – 20 **s'apprêter à faire qc** im Begriff sein etw zu tun – 21 **une odeur** Geruch – 21 **le mazout** [mazut] Öl – 21 **une narine** Nasenloch – 22 **le carburant** Treibstoff – 22 **un réservoir** *ici :* Tank – 23 **à proximité** f (tout) près – 30 **sous aucun prétexte** unter keinen Umständen

Pour signifier son accord, Nafi secoua doucement la tête.

– Tu repars ? demanda-t-elle comme si elle avait lu dans ses pensées. J'ai peur, toute seule, la nuit.

Sam fit signe à un homme d'approcher.

5 – Je reviens très vite, il va veiller sur toi en attendant.

Sam vérifia la direction du vent, puis nagea droit devant lui, mû par l'espoir de retrouver tout ou partie de la coque.

Bientôt, un goût puissant de mazout envahit sa bouche. La surface était de plus en plus chargée de détritus. Il heurta des
10 débris plus gros, et enfin le bateau retourné.

Ils étaient une dizaine accrochés à ses flancs.

En plongeant il en fit le tour, l'inspecta de ses mains. Il dut se rendre à l'évidence. Le remettre à flot en le retournant était impossible. Une longue balafre béait au niveau de la proue.

15 – Il faut prévenir les autres, exhorta-t-il ses compagnons en remontant à la surface. N'arrêtez pas d'appeler.

– Par ici ! cria un homme, comme s'il émergeait soudain de sa léthargie.

Son signal fut repris par les autres.

20 En s'éloignant de l'épave, Sam croisa des hommes, des femmes et des enfants par dizaines, guidés par les appels.

Bientôt, il retrouva Nafi, accrochée à l'homme qu'il avait un peu plus tôt appelé à la rescousse.

Pour la première fois depuis que le vent s'était levé et la mer
25 creusée, il éprouva un timide sentiment de paix.

Il posa sa main sur le dos de la fillette, l'entraîna avec douceur vers l'avant.

– Toi, comment t'appelles-tu ? lui demanda Nafi alors qu'ils approchaient de la coque.

30 Il hésita un instant.

---

5 **veiller sur qn** faire attention à qn – 7 **mû par qc** motivé par qc – 8 **le goût** Geschmack – 10 **un débris** Scherbe – 11 **un flanc** un côté – 12 **plonger** tauchen – 13 **se rendre à l'évidence** *f* sich den Tatsachen beugen – 14 **une balafre** Schmiss – 14 **béer** être ouvert – 15 **prévenir qn** jdn benachrichtigen, jdn warnen – 15 **exhorter qn (à faire qc)** jdn anempfehlen, jdn zureden – 17 **émerger** sortir – 23 **appeler qn à la rescousse** demander à qn de venir aider – 25 **timide** *ici* : léger, prudent – 26 **avec douceur** *f* sanft

– Sam, répondit-il dans un souffle.

Mais un autre prénom s'imposa à son esprit. Cette pensée lui mordit le cœur. Aussi il ajouta :

– Là où j'ai grandi, on m'appelait Seyba. Seyba, c'est ainsi
5 que m'appelait ma jeune sœur, Meïssa.

---

2 **s'imposer** *ici :* sich aufdrängen – 3 **mordre le cœur** *fig* provoquer de la douleur

MEÏSSA

– Seyba ! Où étais-tu passé ? le pressa Meïssa quand elle l'aperçut.

Elle se tenait devant la cahute, les poings plantés sur les hanches.

Depuis quelque temps, son frère s'éloignait. La vie semblait l'appeler ailleurs et Meïssa se sentait impuissante. Comment aurait-elle pu le retenir ?

– Combien de fois faudra-t-il te dire que je m'appelle Sam désormais ! rétorqua-t-il en passant devant elle.

– Pour moi, tu es et tu resteras toujours Seyba. Toute la vie ! affirma-t-elle avec aplomb.

Ce n'est pas parce qu'elle avait neuf ans qu'elle devait obéir à son grand frère. S'il y avait une chose qu'elle refusait, c'était bien ça.

– Même maman m'appelle Sam, tenta-t-il de la convaincre.

– Maman est inquiète. On t'attend depuis plus de deux heures.

Quand leur mère émergea de l'habitation, elle détailla Sam de son regard sombre et fatigué.

Sam garda les yeux baissés. Une sensation de malaise submergea Meïssa. Que cachait-il ?

– J'étais avec Youssou, lâcha-t-il.

– Je n'aime pas que tu traînes. Sam, tu dois avant tout penser à tes études. Regarde ce qu'est devenu Fodé.

Le ton de leur mère hésitait entre tristesse et colère, comme à chaque fois qu'elle prononçait le prénom de leur frère aîné. Une tristesse et une colère que le temps n'était pas parvenu à apaiser.

---

2 **presser qn** ici : demander à qn en insistant – 4 **une cahute** Hütte – 4 **un poing** Faust – 5 **une °hanche** Hüfte – 10 **désormais** von nun an – 10 **rétorquer** répondre – 12 **l'aplomb** m l'assurance f – 19 **émerger de** sortir de – 19 **détailler qn d'un regard**... regarder qn en détail – 21 **baissé** → bas – 21 **un malaise** ici : un trouble, l'inquiétude f – 22 **submerger qn** ici : jdn übermannen – 24 **traîner** ici : fam herumhängen – 29 **apaiser** calmer (→ la paix)

Cela faisait bientôt quatre ans que Fodé avait quitté le village pour la capitale, où il jouait les hommes de main pour le compte d'un trafiquant d'ivoire. Un de ces hommes riches et puissants, aux yeux desquels le nom Afrique ne rimerait jamais
5 avec pauvreté.

Fodé était parti un matin sans rien laisser paraître. Le soir, il n'était pas rentré.

Ni le lendemain.

Ni les jours suivants.

10 Comme il n'était pas le premier à quitter ainsi le village, chacun avait rapidement compris et s'était fait une raison. Les battues des premières heures avaient cessé.

Beaucoup de jeunes hommes avaient suivi son chemin.

Meïssa se remémora la première fois où Fodé était revenu
15 les voir. La première et la dernière fois d'ailleurs. Même si elle n'avait que cinq ans à l'époque, cette image de son frère était à jamais gravée dans sa mémoire.

Il était arrivé à la tombée de la nuit, un an jour pour jour après son départ. Le sourire aux lèvres, habillé tel un prince,
20 il s'était approché d'eux, les bras chargés de cadeaux. À sa vue, Meïssa avait voulu s'élancer vers lui mais, d'un geste ferme, leur mère l'avait stoppée dans son élan.

Meïssa n'avait plus osé bouger.

– Qui êtes-vous ? avait lancé leur mère avec un ton de défi.

25 – Maman, je suis Fodé, ton fils ! Tu ne me reconnais pas ?

– Mon fils ? avait-elle soufflé en tournant les talons. Je n'ai jamais enfanté un brigand. Mes enfants sont tous honnêtes et droits. Vous devez faire erreur, jeune homme. Passez votre chemin. Ici, il n'y a aucune place pour vous.

---

2 **un homme de main** *ici :* Handlanger – 2 **pour le compte de qn** pour qn – 3 **un trafiquant** Schwarzhändler – 3 **l'ivoire** *f* Elfenbein – 11 **se faire une raison** se résigner, finir par accepter qc – 12 **cesser** s'arrêter – 14 **se remémorer** → la mémoire – 17 **gravé** *ici :* eingeprägt – 18 **la tombée de la nuit** Einbruch der Dunkelheit – 21 **s'élancer** courir – 21 **ferme** *ici :* sûr, décidé – 24 **un défi** *ici :* une provocation – 26 **tourner les talons** se retourner, tourner le dos à qn – 27 **enfanter** mettre au monde (→ un enfant) – 27 **un brigand** Betrüger – 28 **droit** *ici :* aufrichtig

Meïssa était restée silencieuse. Elle avait regardé Fodé repartir et disparaître dans la nuit. C'était la dernière fois qu'elle avait vu son frère.

*

– Dorénavant, je veux que tu cesses de traîner avec Youssou,
5 ordonna leur mère, et que tu rentres à l'heure.

Pour couper court au sermon qui pointait, Sam rejoignit leur père derrière la maison. Meïssa lui emboîta le pas, laissant leur mère ruminer son inquiétude. Elle s'adossa au mur, croisa les bras et demeura sans bouger à les observer. Elle n'aurait su
10 dire quoi, mais un détail clochait dans l'attitude de Sam.

Accroupi, leur père fouillait les entrailles du moteur d'une mobylette.

Pêcheur le jour, il était mécano le soir et aussi vendeur à la sauvette chaque fin de semaine pour le compte d'un cousin.

15 Après le repas, il se rendrait dans la ville voisine, dans le quartier des bars et des boîtes de nuit où les Occidentaux et les plus riches fêtaient l'arrivée du week-end.

Là, de rue en rue, il pousserait son chariot à roulettes chargé de boissons, de paquets de mouchoirs et de cigarettes. Dans
20 son fatras, on trouvait aussi des peignes, des brosses à dents et du dentifrice. Et même du parfum bon marché, que Meïssa aimait sentir en cachette. Un à un, elle ouvrait les flacons et emplissait ses poumons de leurs notes fruitées en fermant les yeux. Les fragrances la propulsaient dans des mondes

---

4 **dorénavant** von jetzt an – 6 **couper court à qc** *ici :* stopper qc – 6 **un sermon** Moralpredigt – 6 **pointer** *ici :* être sur le point d'arriver – 7 **emboîter le pas à qn** suivre qn – 8 **ruminer (un sentiment)** über etw brüten – 8 **s'adosser** → le dos – 8 **croiser les bras** *mpl* die Arme verschränken – 9 **demeurer** rester – 10 **qc cloche** *fam* etw stimmt nicht – 11 **accroupi** in der Hocke – 11 **fouiller qc** chercher dans qc – 11 **les entrailles** *fpl ici :* Inneres – 12 **une mobylette** Mofa – 13 **un pêcheur** Fischer – 13 **un mécano** *fam* un mécanicien – 13 **un vendeur à la sauvette** un vendeur dans la rue qui n'a pas d'autorisation – 15 **se rendre** aller – 18 **un chariot à roulettes** Rollwagen – 19 **un mouchoir** Taschentuch – 20 **un fatras** *ici :* Kram – 20 **un peigne** Kamm – 21 **le dentifrice** Zahnpasta – 21 **bon marché** ≠ cher – 22 **en cachette** → se cacher – 23 **le poumon** Lunge – 24 **une fragrance** une odeur agréable – 24 **propulser** *ici :* envoyer

merveilleux où elle portait de belles robes, allait de boutique en boutique avec pour seul objectif de remplir des placards qui débordaient déjà.

Alors que Sam aidait leur père à démonter le carburateur, 5 Meïssa ne le quittait pas des yeux. Comme si elle le regardait pour la dernière fois.

Son frère était devenu un homme. Grand, fort, il dépassait tous ses amis d'une bonne tête.

Plus jeune, on le surnommait parfois la girafe. Cela plaisait à 10 Meïssa d'avoir pour frère une girafe.

Désormais, avec sa carrure d'athlète, plus personne ne s'amusait à l'appeler ainsi.

L'idée qu'il poursuive sa scolarité jusqu'à sa majorité venait de leur mère. Elle espérait que grâce à cela, Sam ne suivrait pas 15 la même voie que Fodé.

Sam y avait cru, tout du moins au début. Il avait tout fait pour être parmi les premiers de sa classe. Mais, peu à peu, Meïssa l'avait senti lever le pied, convaincu que le diplôme de fin d'études n'était qu'une illusion, que seul le chômage 20 l'attendait, car sa famille n'avait aucune relation pour lui ouvrir les portes de l'administration ou des quelques entreprises qui embauchaient encore.

Au fond, Meïssa savait qu'un jour son grand frère larguerait les amarres.

25 Elle frémit à l'idée que son départ était peut-être imminent.

L'espace d'un instant, elle fut tentée de se précipiter dans ses bras et de le supplier de rester. Mais elle n'eut pas le courage d'affronter sa réponse.

---

2 **un placard** Schrank – 3 **déborder** *ici :* vollgestopft sein – 4 **démonter** auseinandernehmen – 4 **un carburateur** Vergaser – 7 **dépasser qn** *ici :* être plus grand que qn – 9 **surnommer qn XX** jdm den Spitznamen XX geben – 11 **la carrure** Schulterbreite – 13 **la scolarité** les études (→ l'école) – 13 **la majorité** *ici :* Volljährigkeit – 15 **une voie** un chemin (*ici : fig*) – 18 **lever le pied** *expr fig* faire moins – 21 **l'administration** *f* Verwaltung, Behördenwesen – 23 **larguer les amarres** *fpl expr fig* partir (**larguer** losmachen, **une amarre** *naut* Leine) – 25 **frémir** trembler (zittern) – 25 **imminent** unmittelbar bevorstehend – 26 **être tenté** avoir envie – 26 **se précipiter** aller vite – 27 **supplier qn** jdn anflehen

Et qu'aurait dit leur père, lui qui était si fier d'avoir travaillé toute sa vie pour nourrir sa famille ? Que la fuite était une fausse solution ? Qu'on ne pouvait pas abandonner la terre de ses ancêtres ?

5 En parlant, Meïssa risquait de provoquer une dispute, d'accélérer le départ de Sam et d'éloigner à jamais la perspective de son retour.

Aussi elle préféra se taire et garder ses craintes secrètes.

Sam refusait cette vie misérable. Pouvait-elle l'en blâmer ? Il 10 rêvait d'un avenir meilleur. Un avenir. Un vrai. Pas une illusion. Pour lui, et pour ses futurs enfants, avait-il dit un jour.

Partirait-il le lendemain matin, dans quelques jours ou bien quelques semaines ? Ce n'était pas elle qui pourrait le faire changer d'avis.

15 En demeurant ici, il n'obtiendrait rien. Elle non plus. Sans doute un jour, quand elle serait plus grande, devrait-elle, elle aussi, partir.

– Venez manger, ordonna leur mère.

Perdue dans ses pensées, Meïssa ne l'entendit pas les 20 appeler.

Sam ne bougea pas, aida leur père à revisser le carter. Quand ce dernier démarra le moteur, le pot d'échappement de la mobylette cracha une épaisse fumée qui les fit tousser. Il tourna la poignée des gaz et écouta le rugissement régulier du 25 moteur. Satisfait, il le coupa, puis attrapa un vieux chiffon dans lequel il s'essuya les mains avant d'aller les laver dans une bassine en plastique.

---

2 **la fuite** Flucht – 5 **risquer de faire qc** die Gefahr laufen etw zu tun – 6 **accélérer** beschleunigen – 8 **une crainte** une peur – 9 **misérable** elend – 9 **blâmer qn de qc** reprocher qc à qn – 21 **revisser** wieder festschrauben – 21 **un carter** Gehäuse, Wanne – 22 **démarrer** *ici* : anlassen – 22 **le pot d'échappement** Auspuff – 23 **cracher** *ici* : ausstoßen – 23 **une fumée** Rauch – 23 **tousser** husten – 24 **une poignée** *ici* : Griff – 24 **un rugissement** *ici* : Heulen – 25 **un chiffon** Lappen – 26 **s'essuyer les mains** *ici* : sich die Hände abputzen – 27 **une bassine** Wanne

Avec un léger pincement au cœur, Meïssa s'approcha de Sam. Elle observait chacun de ses gestes comme s'il les exécutait pour la toute dernière fois, sans vraiment réaliser ce que cela signifiait.

*

5   Autour du plat familial étaient déjà installés les jumeaux, âgés de cinq ans, et leur mère.

Au menu, comme chaque jour, il y avait du riz, ainsi que les poissons que leur père n'était pas parvenu à vendre. Soit parce qu'ils étaient abîmés, soit parce qu'ils étaient trop petits.

10   Leur mère commença par invoquer Dieu pour qu'il sauve leur frère, Fodé, qu'il préserve la santé de tous, et termina en le remerciant pour cette nourriture.

Meïssa lui glissa une supplique silencieuse afin qu'il protège Sam. Elle réalisa à cet instant que, pour la première fois, elle ne

15 l'avait pas appelé Seyba.

Sam attrapa une poignée de riz qu'il pressa dans sa main pour former une boule compacte et la lui tendit. En retour, Meïssa lui sourit puis posa la boule de riz sur son nez pour loucher et dissimuler les larmes qui menaçaient de déborder

20 de ses paupières.

Sam passa une main dans ses cheveux. Il allait tant lui manquer.

Pour se consoler, elle se dit qu'un jour peut-être, elle pourrait le rejoindre. Là où il serait installé.

25   Les jumeaux tentèrent d'imiter Meïssa, sans y parvenir. Une boule de riz roula au sol, déclenchant les foudres de la mère.

– Si vous continuez, vous finirez tous les deux comme votre frère ! se lamenta-t-elle avant d'invoquer Dieu.

---

1 **avec un (léger) pincement au cœur** schweren Herzens – 5 **un jumeau** Zwilling –
9 **abîmé** beschädigt – 10 **invoquer** *ici :* anrufen – 10 **sauver qn** jdn retten – 11 **préserver**
garder – 11 **la santé** Gesundheit – 16 **une poignée de riz** *m* eine Hand voll Reis –
17 **tendre qc à qn** donner qc à qn – 19 **loucher** schielen – 19 **dissimuler** cacher – 20 **une**
paupière Augenlid – 23 **se consoler** sich trösten – 26 **déclencher** auslösen – 26 **les**
foudres *fpl fig* la colère – 28 **se lamenter** jammern

Les petits la regardèrent un instant, tête baissée, puis se remirent à jouer.

Sam se glissa entre eux et les aida à manger. Meïssa aimait bien la manière dont il s'occupait des jumeaux, même si elle
5 en était jalouse parfois, tant elle aurait voulu garder Sam pour elle seule.

Soudain, l'ampoule au-dessus de la porte s'éteignit, comme toutes celles du quartier. Des coupures d'électricité, il y en avait chaque jour, qui pouvaient durer des heures.
10 Après quelques minutes, les crachotements des moteurs diesel des générateurs montèrent de toutes parts. Très vite, une odeur de gaz d'échappement envahit l'atmosphère.

En attendant que leur père fasse démarrer le leur, Sam alluma une bougie. Meïssa le trouva encore plus beau à la
15 lueur vacillante de la flamme qu'il protégeait de sa main.

Les jumeaux n'avaient pas cessé de jouer. L'obscurité ne leur avait jamais fait peur. Ils étaient habitués.

*

Dès la fin du repas, le signal du coucher fut donné. L'essence pour le générateur coûtait cher. Il était hors de question de
20 veiller trop longtemps.

Dans la maison, qui se résumait à une unique pièce, chacun s'affaira. En moins de trois minutes, les nattes furent déroulées et alignées les unes à côté des autres. Les jumeaux se couchèrent au milieu, Meïssa prit place à son tour, puis attira
25 Sam près d'elle.

– Tu crois qu'un jour ces deux petits morveux grandiront ? Je ne les supporte plus. J'aurais vraiment préféré une sœur. Ou alors d'autres grands frères.

---

7 **une ampoule** Glühbirne – 8 **une coupure d'électricité** f Stromausfall – 10 **un crachotement** Knacken – 12 **les gaz** mpl **d'échappement** Abgase – 15 **une lueur** une petite lumière – 15 **vacillant** ici : flackernd – 18 **l'essence** f Benzin – 20 **veiller** ici : ≠ dormir – 22 **s'affairer** être actif, faire ce qu'on a à faire – 22 **une natte** Matte – 23 **dérouler** abrollen – 23 **aligner qc** mettre qc en ligne – 26 **un morveux** fam Rotznase – 27 **supporter qn** jdn ertragen

– Je ne te suffis pas ? demanda Sam dans un sourire.

Elle se jeta dans ses bras, les yeux humides. Son frère déposa un baiser sur son front avant de s'allonger à côté d'elle.

Elle inspira profondément pour capter son odeur et s'en 5 emplir, avec l'illusion qu'ainsi elle garderait un peu de lui.

Ce soir-là, elle conserva la main de Sam dans la sienne pour s'endormir.

---

1 **suffire à qn** être assez pour qn – 3 **un baiser** Kuss – 4 **capter** *ici :* sentir

LA LAMPE

Hisser Nafi sur la coque retournée ne fut pas facile. Le mazout qui flottait à la surface de l'eau rendait les membres huileux et empêchait toute prise ferme. Malgré l'aide des naufragés, Sam dut s'y reprendre plusieurs fois.

5 La mer avait retrouvé son aspect normal. Celui d'un immense lac parfaitement paisible qui, en d'autres circonstances, aurait suscité le rêve et l'espoir des naufragés. Le ciel aussi devenait plus clément. La pluie avait cessé. Par endroits, les nuages se déchiraient pour laisser apparaître les étoiles.

10 À présent, les survivants dérivaient dans une direction inconnue. Seul le clapotis des vagues contre l'épave troublait le silence saisissant de l'immensité qui les entourait. Dans l'obscurité, Sam évalua le nombre de rescapés sur la coque à une trentaine. Ils devaient être autant dans l'eau, accrochés

15 pour ne pas couler.

Une soixantaine. Un peu plus de la moitié de leur effectif au départ. La gorge de Sam se serra, empêchant le rugissement de sa colère d'interpeller le ciel.

20 Était-ce là le tribut à payer pour entrouvrir les portes de l'Europe ?

Afin d'éviter que le chagrin ne le submerge, Sam tenta de se convaincre que seul son sort comptait. Avant de monter dans ce bateau, il ne connaissait aucun de ceux qui l'entouraient ou

25 qui s'étaient noyés.

---

2 °**hisser qn** jdn hochziehen – 3 **le mazout** p. 15 – 3 **rendre** *ici* : machen – 3 **un membre** *ici* : Körperglied – 4 **huileux** ölig – 4 **empêcher** (ver)hindern – 4 **une prise** *ici* : Halt – 5 **un naufragé** Schiffbrüchiger – 5 **s'y reprendre plusieurs fois** essayer plusieurs fois – 7 **paisible** friedlich (→ la paix) – 8 **susciter** *ici* : hervorrufen – 9 **clément** mild – 10 **une étoile** Stern – 11 **dériver** p. 13 – 12 **le clapotis** Plätschern, Rauschen – 12 **une épave** p. 14 – 13 **saisissant** ergreifend – 14 **évaluer un nombre** compter à peu près – 14 **un rescapé** p. 14 – 16 **couler** *ici* : untergehen – 17 **un effectif** un nombre – 18 **sa gorge se serre** seine Kehle ist wie zugeschnürt – 23 **le sort** Schicksal – 25 **se noyer** ertrinken

Mais une part de lui-même se sentait irrémédiablement responsable de tous ces migrants. Car il n'était pas un simple migrant parmi les autres.

Au moment de quitter la plage, on lui avait confié une boussole en lui indiquant le cap à tenir, ainsi qu'un téléphone cellulaire pour prévenir les garde-côtes une fois qu'ils seraient parvenus dans les eaux italiennes. Mais l'orage avait éclaté trop tôt. Moins d'une vingtaine d'heures après leur départ.

Quand la mer s'était formée, Sam avait tenté d'établir une liaison pour demander du secours, sans succès. Depuis, le téléphone avait coulé, et avec lui l'espoir de signaler leur présence.

En tant que barreur, il était un peu le capitaine de ce navire. Il avait donc failli à sa tâche.

Il devait trouver un moyen d'alerter les garde-côtes. Alerter aussi tous ceux qui s'apprêtaient à quitter la Libye pour prendre la mer. Alerter ses cousins, ses amis au village. Leur intimer de ne pas partir.

De ses jambes, Sam battait l'eau nerveusement. Sa respiration s'emballait. Il se sentait impuissant.

Allaient-ils tous mourir ? La probabilité était forte. Qui pouvait venir les sauver ?

La mort ne l'effrayait pas. Sam savait, depuis le premier jour de son départ, qu'elle faisait partie du voyage. Mais les douleurs qui la précéderaient le terrorisaient. Les douleurs physiques, bien sûr, et surtout les hurlements d'effroi et de regret que ne manquerait pas de pousser sa conscience.

---

4 **confier qc à qn** p. 11 – 5 **une boussole** Kompass – 5 **un téléphone cellulaire** un téléphone portable – 6 **un garde-côte** Küstenwache – 7 **un orage** Gewitter – 9 **se former** *ici :* unruhig werden – 10 **une liaison** *ici :* Verbindung – 10 **le secours** l'aide *f* – 13 **en tant que** comme – 13 **un barreur** *naut* Steuermann – 14 **faillir à sa tâche** ≠ réussir sa mission – 18 **intimer** ordonner – 20 **s'emballer** *ici :* unruhig werden – 21 **la probabilité** → probable – 23 **effrayer qn** faire peur à qn – 25 **précéder qn/qc** arriver avant qn/qc – 26 **un °hurlement** → °hurler p. 10 – 26 **l'effroi** *m* une grande peur – 27 **la conscience** *ici :* Gewissen

Un jeune garçon se mit à sangloter, puis très vite un second, tirant Sam de ses pensées. Il ne pouvait se résoudre à ce qu'ils soient condamnés. Pas eux. Pas des enfants. Eux n'avaient pas demandé à partir, eux n'avaient pas choisi de mettre leur
5 vie dans la balance avec l'espoir qu'elle penche du côté de la liberté.

C'est alors que jaillirent dans son esprit les images du départ. La précipitation. Les cris de ceux qui avaient peur d'hériter d'une mauvaise place dans l'embarcation, le début
10 des disputes.

Un homme lui avait aboyé les consignes, tandis que d'autres poussaient le bateau dans les vagues. La boussole, le téléphone et... une lampe torche.

Oui, il y avait une lampe torche ! Sam se revit avec la boussole
15 en main, le téléphone dans sa poche. Il se souvint d'avoir glissé la lampe dans un bidon vide, qu'il avait attaché juste à côté du gouvernail, tout près.

Il devait la retrouver.

Après une longue inspiration, Sam s'enfonça sous l'eau. Elle
20 pressait sa tête comme un étau tant elle était glacée. Il pénétra sous la coque. L'obscurité était totale. Il y avait là toutes sortes d'objets qui le gênaient pour se repérer au toucher. Des vêtements, des morceaux de bois, des bouteilles, des chaussures.

25 Quand ses mains rencontrèrent un corps, Sam se raidit, ne put retenir un cri, but la tasse. Paniqué, il regagna la surface, inspira profondément et toussa sous les yeux éberlués de ses compagnons d'infortune.

– Je cherche une lampe torche, se justifia-t-il, une fois qu'il
30 eut retrouvé son souffle. On doit signaler notre présence.

---

1 **sangloter** pleurer – 2 **se résoudre à qc** sich mit etw abfinden – 3 **être condamné** *ici :* ne plus avoir aucune chance de survivre – 5 **une balance** Waage, Waagschale – 8 **la précipitation** → se précipiter p. 21 – 9 **hériter de qc** *ici :* obtenir qc – 11 **aboyer** *ici :* crier – 11 **une consigne** Anweisung – 13 **une lampe torche** Taschenlampe – 16 **un bidon** p. 13 – 17 **un gouvernail** p. 9 – 20 **comme un étau** wie in einer Klemme – 22 **se repérer** s'orienter – 25 **se raidir** sich anspannen – 27 **éberlué** perplexe

Sans attendre, la peur au ventre, Sam replongea. La coque n'était plus qu'une tombe qu'il violait, sans respect pour ses occupants. Combien étaient-ils qui gisaient là-dessous ?

Sam repoussa la question, tant la réponse le terrorisait.

5 Il fixa son esprit sur la lampe, fit abstraction de tout le reste. Très vite, il repéra le moteur, encore attaché à la partie centrale de la coque. Juste à côté, il y avait une poche d'air. C'était elle qui maintenait l'épave à flot. Il prit une nouvelle inspiration, chercha de ses mains le gouvernail. Ne le trouva pas.

10 Sous le choc, il s'était décroché et il avait coulé.

Sam localisa approximativement l'endroit où il s'était tenu lors de la traversée, tâtonna ; le bidon avait disparu. Il chercha plus loin, revint en arrière. Rien.

C'était un bidon jaune. De ceux qui contenaient de l'huile 15 mais qui, une fois vides, devenaient pour chaque famille pauvre un ustensile servant à la corvée d'eau, ou à stocker des graines ou des liquides en les protégeant des attaques des insectes. Jaune. Ce mot résonnait dans son esprit comme un appel.

20 Jaune.

Soudain, une corde s'enroula autour de ses pieds. Paniqué, il se débattit, parvint à se dégager.

« Et si ? », osa-t-il formuler.

Pris d'un espoir fou, il plongea plus profondément, tâtonna, 25 retrouva une extrémité de la corde, la tira à lui. À l'autre bout, un bidon. Son bidon ? À cet instant, il aurait juré distinguer sa couleur dans l'obscurité liquide.

Il le serra contre lui, regagna la surface. Soudain heureux. Son bonheur fut de courte durée.

---

2 **violer** *ici :* schänden – 3 **gésir** ruhen, begraben liegen – 5 **faire abstraction de qc** ne pas penser à qc – 7 **une poche d'air** *m* Luftblase – 10 **se décrocher** *ici :* ins Wasser fallen – 11 **se tenir** stehen – 12 **tâtonner** sich vorantasten – 16 **une corvée** *ici :* (Arbeits) Dienst – 16 **stocker** einlagern – 17 **une graine** Samen – 18 **résonner** hallen – 22 **se débattre** um sich schlagen – 22 **se dégager** se libérer – 25 **une extrémité** un bout – 25 **tirer** ziehen – 26 **jurer** schwören

Assis sur la coque, un homme tentait naïvement d'embraser un tas de vêtements et de petit bois à l'aide d'un briquet.

– Arrête ! hurla Sam. Tu vas nous tuer !

Indifférent à ses appels, l'homme actionnait la pierre de son
5 briquet, dont jaillissait une timide gerbe d'étincelles.

– Il y a du mazout partout dans l'eau ! Tout va brûler !

L'homme suspendit son geste.

Sans lâcher son bidon, Sam s'accrocha à la coque.

– J'ai trouvé la lampe ! J'ai trouvé la lampe ! répéta-t-il pour
10 le convaincre.

L'homme au briquet secoua la tête, balaya de sa main l'empilement de tissus et de bois qui bascula dans la mer.

– On va émettre un signal lumineux. Si un bateau navigue dans les parages, il finira bien par nous voir, expliqua Sam dans
15 un souffle.

Un jeune de son âge l'aida à grimper sur la coque tandis que l'homme au briquet, résigné, glissait dans la mer.

Sam dévissa le bouchon du bidon, en tira la lampe torche. Combien de temps les piles pourraient-elles durer ?

20 – Les secours vont venir d'où ? demanda une femme, la voix cassée par le désespoir.

– Je ne sais pas, avoua Sam. On va éclairer dans toutes les directions. Nous n'avons pas d'autre solution.

Des paroles d'encouragement montèrent de toutes parts.

25 Quand Sam alluma la lampe, une vision d'horreur jaillit de la nuit. Des dizaines de corps flottaient autour d'eux.

Submergé par l'émotion, Sam l'éteignit. Un silence pesant s'abattit sur la coque, à peine troublé par le murmure des naufragés qui priaient.

---

1 **embraser qc** mettre le feu à qc – 2 **un briquet** Feuerzeug – 3 **tuer** töten –
4 **indifférent** *ici* : qui ne réagit pas – 5 **une gerbe d'étincelles** *fpl* Funkenregen –
7 **suspendre** *ici* : arrêter – 11 **secouer** schütteln – 11 **balayer** *ici* : aus dem Weg
räumen – 12 **un empilement** → une pile d'objets – 12 **un tissu** Stoff – 12 **basculer**
(um)kippen – 14 **dans les parages** près de nous – 16 **grimper** klettern – 18 **dévisser**
ici : abschrauben – 18 **un bouchon** *ici* : Verschluss – 22 **éclairer** faire de la lumière –
27 **éteindre** ausmachen – 27 **pesant** *ici* : bedrückend – 28 **s'abattre** tomber – 28 **un**
murmure le fait de parler à voix basse – 29 **prier** beten

Après avoir recouvré ses esprits, Sam braqua la lampe sur l'horizon et pressa rapidement sur le bouton pour émettre une série de signaux courts. Il orienta ensuite le faisceau sur la gauche et recommença, avec l'espoir que quelque part, sur
5 le pont d'un bateau de pêche ou d'un navire de commerce, un marin apercevrait leur signal.

– C'est quoi ce tatouage ? demanda Nafi qui s'était rapprochée de lui.

Elle posa ses doigts fins sur l'avant-bras de Sam, suivit de
10 son index le contour du dessin.

– Il représente une demi-tête de phacochère.

– Une demi-tête ? s'étonna Nafi.

Tout en continuant à envoyer ses signaux, Sam ferma les yeux. Il se revit soudain chez le tatoueur, en compagnie de
15 Youssou, quatre ans plus tôt. Pour un peu, il aurait pu sentir l'aiguille piquer sa chair tant le souvenir était précis dans sa mémoire.

1 **recouvrer ses esprits** *mpl* wieder zu sich kommen – 1 **braquer** diriger – 3 **un faisceau** *ici :* Lichtstrahl – 6 **un marin** Seemann – 10 **l'index** *m* Zeigefinger – 11 **un phacochère** Warzenschwein – 16 **une aiguille** Nadel – 16 **piquer** stechen

YOUSSOU

Dans le village où Youssou et Sam avaient grandi, les circonstances de leur naissance étaient devenues légendaires.

Youssou était né un jeudi, juste après le lever du soleil. Ce
5 matin-là, durant tout le temps qu'avait duré l'accouchement, une femelle phacochère s'était allongée devant sa case. Puis elle avait disparu quand son premier cri avait retenti.

Trois jours plus tard, alors que la mère de Sam, Seyba à l'époque, le mettait au monde, la femelle phacochère s'était
10 couchée devant la porte de leur maison. Au premier cri de Sam, l'animal avait regagné la savane. Pour toujours.

Certains avaient vu dans ces apparitions un heureux présage tandis que d'autres, moins nombreux, avaient estimé qu'il s'agissait d'un avertissement. Mais personne ne se risqua à
15 formuler l'objet de cette mise en garde.

Youssou avait été élevé avec Seyba, et la bizarrerie qui avait accompagné leur naissance leur avait valu le surnom de phaco-frères.

Depuis, les deux garçons ne s'étaient jamais quittés.
20 Ils avaient ensemble découvert la vie, partagé leur passion commune pour le football et la musique. Tous deux rêvaient de larguer les amarres pour des ailleurs lointains, et surtout meilleurs.

Youssou admirait son ami pour sa force de caractère et sa
25 détermination. Contrairement à lui qui se décourageait parfois, Sam ne lâchait jamais rien et savait imposer sa volonté. Quand il avait décidé d'abandonner son prénom de naissance au profit de Sam, personne n'avait contesté son choix, pas même

---

3 **légendaire** → une légende – 5 **l'accouchement** *m* le fait de mettre au monde un bébé – 6 **une case** *afr* Hütte – 11 **regagner un lieu** y retourner – 12 **un présage** Omen – 14 **un avertissement** Warnung – 15 **une mise en garde** Warnung – 16 **élever** *ici* : aufziehen – 17 **valoir** *ici* : avoir pour conséquence – 17 **un surnom** → surnommer p. 21 – 24 **admirer** bewundern – 25 **la détermination** Entschlossenheit – 26 **lâcher** *ici* : abandonner – 26 **imposer sa volonté** seinen Willen durchsetzen – 27 **au profit de qc** zugunsten etw – 28 **contester qc** s'opposer à qc

les enseignants qui s'étaient pliés à sa volonté. En quelques jours, Seyba était devenu Sam.

Au foot, il luttait sur chaque action, jusqu'à la plus désespérée, déterminé à ne pas laisser le ballon à ses
5 adversaires. Tous voulaient en faire le capitaine de leur équipe. Et nombreux étaient ceux qui venaient voir Youssou car ils savaient qu'il était le seul que Sam écoutait.

*

Un jour qu'ils se promenaient sur la plage après les cours, Youssou vit Sam s'avancer dans l'eau jusqu'aux genoux, puis
10 poser son regard sur l'horizon.

Ses yeux brillaient d'une lueur nouvelle et se teintaient des reflets d'une vie plus douce.

– Tu sais ce qui nous différencie d'un Européen ou d'un Américain ? lui demanda-t-il.
15 Aussitôt, Youssou saisit les sous-entendus. Sur la défensive, il croisa les bras et observa son ami.

– On est simplement nés dans des endroits différents, répondit Sam avec un demi-sourire.

– Et alors ? s'étonna Youssou en hochant la tête pour
20 souligner l'évidence.

– C'est l'unique différence. Notre vie s'est jouée sur un simple coup de dés. Si nous étions nés là-bas avec un chien ou un chat devant la porte au lieu d'un phacochère, notre vie serait bien meilleure.
25 Sur la plage, des dizaines de pêcheurs réparaient leurs filets. Plus loin, sur d'immenses cadres en bois, des poissons séchaient au soleil. Une odeur tenace empestait l'atmosphère.

---

1 **un enseignant** un professeur – 1 **se plier à la volonté de qn** sich jds Willen beugen –
5 **un adversaire** Gegner – 11 **briller** glänzen – 11 **se teindre de qc** prendre la couleur
de qc – 12 **un reflet** *ici* : une image – 15 **saisir** *ici* : comprendre – 15 **un sous-entendu**
Andeutung – 15 **sur la défensive** prêt à se défendre – 19 °**hocher la tête** nicken –
20 **une évidence** Offensichtlichkeit – 22 **un coup de dés** *mpl ici* : Würfeln – 23 **au lieu
de** statt – 26 **un filet** Netz – 26 **un cadre** Rahmen, *ici* : Brett – 27 **sécher** trocknen –
27 **tenace** hartnäckig – 27 **empester** verpesten

Ils empruntèrent la barque du père de Sam pour aller faire un tour en mer. Quand ils se furent éloignés d'une centaine de mètres du rivage, Sam pointa son doigt vers le large et annonça :

5 – En face, c'est l'Amérique.

Youssou fixa l'endroit où le ciel et l'océan ne formaient plus qu'un puis se tourna vers son ami, un sourire railleur aux lèvres.

– Au rythme où tu rames, on n'est pas près d'y arriver, se
10 moqua-t-il, faisant mine de ne pas comprendre l'invitation de Sam à quitter leur pays.

*

Au fil des semaines qui suivirent, Sam lui tendit d'autres perches, que Youssou évita soigneusement de saisir. Car même si elle le faisait rêver, l'idée de mettre les voiles l'effrayait.

15 Un jour, Sam formula sans détour la question :

– Tu viens avec moi ?

Il le fixait dans les yeux, sans ciller.

Déstabilisé, Youssou ne trouva pas les mots. Pour gagner du temps, il lâcha simplement :

20 – Ça coûte combien ?

– Deux mille dollars par personne, répondit Sam.

Son ton était grave.

– Waouh ! Mais où veux-tu qu'on trouve tout ce fric ? Tu comptes braquer une banque ou quoi ?

25 L'emploi du « on » tira un large sourire à Sam.

---

1 **emprunter** ausleihen – 3 **le rivage** Küste – 3 **le large** offenes Meer – 7 **railleur** moqueur – 9 **ramer** rudern – 10 **faire mine de faire qc** faire comme si on faisait qc – 12 **tendre une perche** *expr fig ici* : eine Anspielung machen – 13 **soigneusement** sorgfältig – 13 **saisir (une perche)** *expr fig ici* : auf die Anspielungen reagieren – 15 **sans détour** directement – 17 **sans ciller** ohne mit der Wimper zu zucken – 18 **déstabilisé** ≠ sûr de soi – 22 **grave** *ici* : sérieux – 23 **le fric** *fam* l'argent – 24 **compter faire qc** avoir l'intention f de faire qc – 24 **braquer** *ici* : überfallen – 25 **un emploi** *ici* : une utilisation

– Mon frère Fodé envoie tous les mois de l'argent à mes parents, seulement ils refusent de l'utiliser car ils estiment que son origine n'est pas propre, expliqua-t-il. Alors ils le rangent dans une boîte, où il dort. L'autre jour, j'ai compté les billets.

5 Il y a un peu plus de cinq mille dollars, ce qui fait deux tickets pour l'Europe.

Incrédule, Youssou écarquilla les yeux.

– Mais... je ne pourrai jamais te rembourser.

Sam plissa le front.

10 – Je ne te le demande pas. Nous sommes frères, non ? rappela-t-il en remontant la manche de son sweat-shirt pour dévoiler son tatouage.

Pour masquer son trouble, Youssou fit de même puis plaqua son avant-bras contre celui de son ami afin de reconstituer la

15 tête complète du phacochère.

– Phaco-frères ! lança-t-il en battant l'air de son poing, comme ils le faisaient toujours.

– Alors, tu viens avec moi ? insista Sam.

Si Youssou refusait, il prenait le risque de briser leur amitié.

20 – Quand voudrais-tu partir ? tenta-t-il.

– Dans huit jours, six mois, un an, répondit Sam. C'est à nous de choisir.

Youssou demeura un instant silencieux avant de se prononcer.

25 – Un an. Ça nous laisse le temps de nous préparer, argumenta-t-il, avec le secret espoir que Sam renoncerait.

Un an, qui ne vit pas faiblir la détermination de Sam.

Un an, durant lequel Youssou regarda défiler les jours, les semaines et les mois.

---

2 **estimer** *ici :* penser – 4 **dormir** *ici :* ne pas être utilisé – 7 **incrédule** qui n'arrive pas à croire ce qu'il/elle entend – 7 **écarquiller les yeux** ouvrir grands les yeux – 8 **rembourser** redonner l'argent – 9 **plisser le front** die Stirn runzeln – 11 **une manche** Ärmel – 12 **dévoiler** montrer – 13 **masquer** cacher – 13 **le trouble** *ici :* la confusion – 19 **briser** casser – 26 **renoncer** abandonner – 27 **faiblir** *ici :* schwinden

– Une nouvelle vie nous attend, une vie qui se conjuguera au futur ! répétait Sam sans cesse.

*

Le temps effectua sa course lente. Les mois passant, Youssou s'habitua à l'idée de partir et se laissa à son tour gagner par des
5 rêves un peu fous. Chaque semaine au lycée, il se battait pour avoir accès à Internet. Ce qu'il découvrait le rassurait. Tout lui semblait si beau en Europe, et tellement plus facile que chez lui.

Pour vaincre ses ultimes craintes, il imaginait que très vite,
10 avec l'argent gagné là-bas, il pourrait rentrer au pays, au moins pour les vacances, et qu'il tenterait de convaincre ses parents et sa famille de le suivre.

À mesure que le moment de larguer les amarres approchait, inexorablement la pression montait en lui, doublée d'une
15 indicible excitation. Youssou dormait de plus en plus mal.

Un matin, Sam se planta face à lui, un large sourire aux lèvres.

– On a rendez-vous dimanche à minuit et demi, au niveau du terrain vague près de la station-service, sur la route qui mène à
20 la capitale, annonça-t-il, la voix troublée par l'émotion.

À ces mots, le doute saisit Youssou. Désirait-il vraiment partir ? Une multitude de questions bouillonnèrent en lui, qu'il n'osa livrer à son ami.

Sam dut le sentir car, en tournant les talons, il lâcha par-
25 dessus son épaule le proverbe que sa grand-mère répétait sans cesse à l'heure des choix :

---

3 **effectuer** faire – 3 **une course** *ici :* Lauf – 3 **lent** ≠ rapide – 4 **il se laisse gagner par des rêves** il rêve de plus en plus – 6 **rassurer** p. 11 – 9 **vaincre qc** être plus fort que qc – 9 **ultime** dernier – 13 **à mesure que qc approche** je näher etw kommt – 14 **inexorablement** unweigerlich – 14 **la pression** Druck – 14 **doublé de** accompagné de – 15 **indicible** qu'on ne peut pas exprimer – 19 **un terrain vague** unbebautes Gelände – 19 **une station-service** Tankstelle – 19 **mener** führen – 21 **le doute** Zweifel – 21 **saisir** *ici :* ergreifen – 21 **désirer** vouloir – 22 **une multitude** un grand nombre – 22 **bouillonner** *ici :* aufwallen – 23 **livrer** *ici :* verraten – 25 **un proverbe** Sprichwort

– Un chien a beau avoir quatre pattes, il ne peut emprunter qu'un seul chemin.

Incapable de bouger ou de répondre, Youssou regarda Sam s'éloigner. Il demeura un long moment immobile avant de se
5 décider à rentrer chez lui. La peur lui dévorait le ventre.

Peur de partir.

Peur de décevoir son ami.

Peur de faire le mauvais choix.

Durant les jours qui suivirent, Youssou ne revit pas Sam.

*

10 Le soir du départ, l'obscurité était dense quand Youssou s'enfonça dans le terrain vague. Des nuages cachaient la lune et l'enseigne de la station-service était depuis bien longtemps éteinte.

Il arrivait en avance.
15 Contre lui, il pressait son maigre baluchon : quelques vivres, un tee-shirt de rechange, un sweat-shirt et un couteau.

L'angoisse l'étouffait. Son ventre n'était qu'une succession de nœuds, plus serrés les uns que les autres.

*

Au loin, Youssou entendit le feulement d'un caracal. Tout
20 autour de lui, de minuscules rongeurs bruissaient dans les herbes sèches.

---

1 **une patte** Bein – 1 **emprunter** *ici :* prendre – 5 **dévorer** *ici :* quälen – 7 **décevoir** enttäuschen – 10 **dense** *ici :* extrême – 11 **s'enfoncer** *ici :* tief vordringen – 12 **une enseigne** Schild – 15 **un baluchon** Bündel – 15 **des vivres** *mpl* des choses à manger – 17 **l'angoisse** *f* une grande peur – 17 **étouffer qn** jdn ersticken – 18 **un nœud** Knoten, *ici :* flaues Gefühl – 18 **serré** eng gemacht, *ici :* intense – 19 **un feulement** Fauchen – 19 **un caracal** une sorte de *lynx* (Luchs) – 20 **un rongeur** Nagetier – 20 **bruire** faire un petit bruit

Il aurait aimé que Sam soit déjà là, avant que le doute ne l'emporte. Il repensa à ses frères, au lycée, aux sacrifices quotidiens de ses parents pour qu'il puisse étudier. Avait-il le droit de les trahir ? Il balaya cette idée. Força son esprit à se
5 focaliser sur le périple qui l'attendait. Son issue lui parut plus sombre encore que la nuit qui l'entourait.

Bientôt, les nuages laissèrent passer quelques rayons de lune et Sam apparut. Youssou pouvait distinguer la silhouette de son ami et les traits de son visage.

10 Youssou se recroquevilla dans les hautes herbes pour se dissimuler. Des larmes coulaient sur ses joues. S'il parlait à Sam, la puissance de son regard l'apaiserait et il partirait avec lui.

Une dizaine de minutes plus tard, dans un nuage de
15 poussière qui tournoya dans le faisceau des phares, un pick-up s'arrêta devant Sam. Aussitôt, un homme maigre en descendit. Son pantalon de toile claire et sa chemise assortie à manches courtes lui donnaient des allures de fantôme. Malgré l'heure tardive, de larges lunettes de soleil couvraient ses yeux.

20 Youssou vit son ami hésiter un instant à lui tendre la main, avant de se raviser.

– Tu es seul ? demanda l'homme d'une voix rude.

Alors que Sam jetait un rapide coup d'œil sur la route qui menait au village, Youssou étouffa un cri.

25 D'un mouvement assuré de la tête, son ami acquiesça.

Youssou appartenait désormais au passé. Le village aussi. Sam le considérait-il comme un lâche, nourrissait-il de la colère contre lui ?

---

2 **qc l'emporte** qc est plus fort que tout le reste – 2 **un sacrifice** Opfer – 4 **trahir qn** jdn verraten – 4 **balayer** *ici* : rejeter – 5 **se focaliser** fokussieren – 5 **un périple** un voyage – 5 **l'issue** *f* la fin – 9 **les traits** *mpl ici* : Züge – 10 **se recroqueviller** sich niederkauern – 15 **la poussière** Staub – 15 **tournoyer** tourner – 15 **un faisceau** Lichtstrahl – 15 **un phare** *ici* : Scheinwerfer – 17 **la toile** *ici* : Leinen – 17 **assorti** qui va bien avec – 18 **des allures** *fpl ici* : une apparence – 18 **un fantôme** Gespenst – 21 **se raviser** changer d'avis – 24 **étouffer** *ici* : empêcher de sortir – 25 **acquiescer** faire oui de la tête – 27 **un lâche** Feigling

Il ne le saurait jamais.

– Donne-moi l'argent et ton passeport, ordonna le passeur.

Il vit Sam tirer de sa poche une liasse de billets, qu'il tendit avec son passeport.

5 L'homme compta consciencieusement, puis lui indiqua du menton qu'il pouvait monter.

Sur la plate-forme arrière, ils étaient déjà cinq, emmitouflés dans des couvertures.

Quand le véhicule démarra, Youssou se redressa et fit un pas
10 en direction du pick-up avec l'irrépressible envie d'adresser un signe à son phaco-frère.

Mais Sam ne se retourna pas pour jeter un dernier regard à tout ce qu'il laissait.

Il y a de meilleures perspectives
d'emploi, de liberté et de santé.
En general, il y a de meilleures
conditions de vie, parce qu'il
n'y a ni guerre ni persécution.

---

2 **un passeur** *ici :* Menschenschmuggler, Schlepper – 3 **une liasse** Bündel –
5 **consciencieusement** avec beaucoup de concentration – 6 **du menton** mit dem Kinn –
7 **emmitouflé** eingemummt – 9 **se redresser** se remettre debout – 10 **irrépressible** unbändig

JUSQU'À L'AUBE

Sam tendit la lampe torche à une femme et reprit sa place dans l'eau.

Il nagea d'un côté de la coque à l'autre en espérant apercevoir
5 les feux d'un navire. Or l'horizon restait désespérément noyé dans une étouffante obscurité.

Vaincu par la fatigue et le froid, Sam cessa ses va-et-vient.

L'eau était aussi sombre et infinie que la savane par une nuit sans lune. Quand il parvenait à maîtriser ses tremblements,
10 une mince pellicule d'eau se réchauffait à son contact mais au moindre mouvement, la morsure des flots revenait, terrible.

Tout en gardant un œil sur la petite Nafi qui s'était assoupie, Sam guettait les premières lueurs de l'aube.

Il les attendait tout en les redoutant.

15 Si le jour portait l'espoir qu'on les repère, il révélerait aussi le cauchemar des corps flottant autour d'eux. Que se passerait-il quand les rescapés reconnaîtraient parmi les noyés un frère, un enfant, une sœur ou une mère ?

Sam redoutait que surgisse un élan de désespoir ou de
20 panique. Dans les deux cas, cela pèserait sur leurs chances de survie.

Quelle heure pouvait-il être ? Il n'en avait pas la moindre idée.

La chance, l'espérance et même le temps les avaient
25 abandonnés.

– Sam ? appela Nafi, inquiète. Où es-tu ?

– Je suis là, dit-il en levant un bras épuisé.

---

1 **l'aube** f Tagesanbruch – 5 **or** nun – 5 **noyé** ici : perdu – 7 **vaincu** → vaincre p. 36 –
7 **cesser** p. 19 – 8 **infini** sans fin – 9 **maîtriser** contrôler – 9 **un tremblement** →
tremblant p. 14 – 10 **une pellicule** ici : Schicht – 10 **se réchauffer** → chaud – 11 **le
moindre** le plus petit – 11 **la morsure** ici : beißende Wirkung – 11 **le flot** Flut –
12 **s'assoupir** s'endormir – 13 **guetter** ici : attendre – 14 **redouter qc** avoir peur de qc –
15 **repérer** ici : trouver – 16 **un cauchemar** un mauvais rêve, ici : une réalité horrible –
20 **peser sur qc** ici : influencer qc – 24 **l'espérance** f l'espoir m – 27 **épuisé** erschöpft

Chacun de ses mouvements était plus lent. Autour de lui, certains montraient des signes de faiblesse de plus en plus préoccupants.

– Il ne faut pas dormir, lança Sam à ceux qui étaient dans
5 l'eau. Vous devez rester éveillés. Nafi, chante-nous une chanson.

Après une courte hésitation, la fillette fredonna quelques notes timides, puis s'arrêta.

– Continue ! insista Sam.

10 Elle reprit là où elle s'était arrêtée. À côté d'elle, une femme entonna la comptine. Puis une deuxième et, très vite, tout le monde chanta.

La chanson racontait l'histoire d'un homme qui avait croisé un lion dans la savane et qui, au lieu de fuir, s'était assis face à
15 lui pour discuter.

Soudain, un vrombissement sourd couvrit les voix. Ils se turent. Le bruit se rapprochait.

Haut, très haut dans le ciel en partie dégagé, les feux de navigation d'un avion clignotaient.

20 Dans un réflexe désespéré, ils se mirent à hurler.

– La lampe ! Il faut la diriger vers lui ! hurla un homme.

La femme qui tenait la torche leva le bras, décrivant au-dessus de sa tête des cercles désordonnés.

Sans se rendre compte que jamais personne ne les
25 entendrait, ils s'époumonèrent. Mais l'avion s'éloigna, le ronronnement du moteur mourut, rendant la mer au silence.

Sam avait entendu dire que certains migrants tentaient de gagner l'Europe en se cachant dans le train d'atterrissage des avions. Il se demanda si un clandestin se trouvait dans celui-
30 ci.

– Sam ? appela Nafi. J'ai peur, confia-t-elle en s'approchant de lui.

---

2 **la faiblesse** Schwäche – 3 **préoccupant** inquiétant – 7 **fredonner** summen –
11 **entonner** anstimmen – 16 **un vrombissement** Dröhnen – 16 **sourd** *ici :* dumpf – 18 **un
feu** *ici :* Licht – 19 **clignoter** blinken – 25 **s'époumoner** crier très fort – 26 **mourir** *ici :*
disparaître – 28 **le train d'atterrissage** Fahrwerk – 29 **un clandestin** un migrant illégal

Il prit les mains de la fillette au creux de sa main gauche, tout en s'agrippant de l'autre à la coque. Il glissa ses doigts dans les siens, caressa ses paumes de son pouce.

– Je ne veux pas mourir, murmura-t-elle, au bord des larmes.

5 – Je ferai tout pour l'empêcher.

– La mer a pris maman et mon petit frère, je suis la seule à savoir qu'ils sont morts. Si je meurs aussi, qui se souviendra d'eux ?

Bouleversé, Sam ne put s'empêcher de penser à sa jeune
10 sœur Meïssa qui, à cette heure, devait dormir d'un sommeil profond dans la maison familiale. La savoir en sécurité le réconforta.

Il aurait tout donné pour être à côté d'elle.

Il lâcha la main de Nafi, enleva la chaîne qui pendait à son
15 cou.

– Tiens, dit-il en lui tendant la médaille. Elle protège celui qui la porte.

Alors qu'il la frottait entre son pouce et son index pour la faire briller, Sam ressentit un violent pincement au cœur.

20 – Elle est à toi ? demanda Nafi qui avait perçu son trouble.

Sam ferma un instant les yeux pour réprimer ses larmes. L'image de Thiane envahit son esprit. Ses lèvres remuèrent pour prononcer son nom. Thiane. Mais aucun son ne put sortir de sa gorge.

- Je m'inquiète
- J'ai peur (d'être laissé seul)
- Je ne veux pas décevoir mes parents
- J'ai l'espoir d'un meilleur avenir
- Je ne veux pas perdre Sam

---

3 **caresser** p. 13 – 3 **la paume** l'intérieur de la main – 3 **le pouce** Daumen – 9 **bouleversé** erschüttert – 10 **le sommeil** Schlaf – 15 **le cou** Hals – 18 **frotter** reiben – 20 **percevoir** *ici :* sentir – 21 **réprimer** *ici :* empêcher de couler – 22 **les lèvres** *fpl* Lippen – 22 **remuer** bouger

THIANE

– Salut, lança le nouveau venu. Moi c'est Sam.

Thiane releva la tête, posa discrètement son regard sur lui et ne fut pas étonnée que personne ne réponde. Ici, l'humanité
5 se limitait à soi, c'était mieux ainsi.

Il devait être à peine plus âgé qu'elle. Peut-être dix-sept ou dix-huit ans. Bâti comme un guerrier, il paraissait embarrassé par son immense carcasse.

Personne ne bougea pour lui faire de la place. Tant bien que
10 mal, le garçon se cala dans un coin, le dos contre le hayon du pick-up.

Il étendit une jambe, garda l'autre repliée et posa son menton sur son genou.

Thiane imagina le flot de sentiments qui le traversaient.
15 Désormais, il ne pouvait plus reculer. Il était né une première fois dix-sept ou dix-huit ans plus tôt et considérait ce jour comme celui d'une seconde naissance. Il avait tiré un trait pour isoler le passé et se tourner résolument vers l'avenir. Ce jour, il l'attendait depuis des mois. Mais il avait beau l'avoir désiré de
20 tout son être, à cet instant précis ses certitudes vacillaient.

C'était exactement ce que Thiane avait ressenti quand le pick-up avait démarré et quitté les abords de son village.

*

---

4 **étonné** surpris – 6 **à peine** kaum – 7 **bâti** gebaut – 7 **un guerrier** → la guerre – 8 **une carcasse** *ici :* un corps – 9 **tant bien que mal** mehr schlecht als recht – 10 **se caler** sich zurechtsetzen – 10 **un °hayon** Heckklappe – 12 **étendre** (aus)strecken – 12 **replié** angewinkelt – 15 **ne plus pouvoir reculer** nicht mehr zurück können – 16 **considérer** betrachten – 17 **tirer un trait** *ici :* einen Schlussstrich ziehen – 18 **résolument** courageuseument – 19 **avoir beau faire qc** même si on fait qc – 20 **une certitude** ce dont on est sûr et certain – 20 **vaciller** *ici :* ins Wanken geraten

Alternant les routes goudronnées et les chemins en terre battue, ils parcoururent des dizaines de kilomètres en direction du nord, s'arrêtant çà et là pour embarquer un nouveau candidat à l'exil.

5 À l'arrière, les protestations et les grognements fusaient.

Le voisin de Thiane était lourd et massif. À chaque fois que le véhicule virait à gauche, il enfonçait son coude saillant dans ses côtes. Dès que le pick-up tournait sur la droite, elle profitait de ce répit pour repousser son bras. Mais immanquablement, 10 l'homme le replaçait dans les minutes suivantes.

*

Après plusieurs heures de voyage, les passeurs leur annoncèrent qu'ils allaient franchir la frontière. Ils étaient désormais une quinzaine entassés à l'arrière. Des hommes mais aussi des femmes, avec leurs enfants, dont le plus jeune 15 ne devait pas avoir cinq ans.

*

Quand ils traversèrent un faubourg, quelques lampadaires éclairèrent par intermittence les visages des candidats au voyage. Sam, le colosse, chercha à accrocher le regard de Thiane, en quête d'un hypothétique échange. Elle baissa les 20 yeux.

Elle avait décidé que tant qu'elle n'aurait pas atteint l'Europe, son destin serait solitaire.

Soudain, elle aperçut une liasse de billets dépasser de la poche du garçon.

1 **goudronné** recouvert d'asphalte – 1 **la terre battue** gestampfter Boden – 5 **un grognement** Murren – 5 **fuser** être exprimé en grand nombre – 7 **enfoncer** *ici :* hineinstoßen – 7 **le coude** Ellenbogen – 7 **saillant** *ici :* spitz – 8 **une côte** *ici :* Rippe – 9 **un répit** *ici :* une pause – 9 **immanquablement** à chaque fois que – 11 **un passeur** p. 38 – 16 **un faubourg** un quartier à la périphérie d'une ville – 16 **un lampadaire** Laterne – 18 **accrocher** *ici :* rencontrer – 19 **en quête de** à la recherche de – 21 **atteindre un lieu** y arriver – 22 **le destin** Schicksal – 22 **solitaire** → la solitude, → seul – 23 **dépasser** *ici :* hervorschauen

De longues secondes, elle garda les yeux vissés sur l'argent, puis heurta le pied de Sam et lui adressa un signe discret du menton. Le garçon pencha la tête sur le côté. D'un geste vif, il cacha la liasse et lui renvoya un sourire crispé.

5 De nouveau, Thiane baissa la tête pour fuir son regard. Du coin de l'œil, elle le vit se contorsionner pour glisser l'argent là où personne n'irait le chercher. Dans son slip.

Elle s'apprêtait à rire quand le pick-up freina brutalement et s'arrêta sur le bas-côté.

10 – Tout le monde descend ! ordonna le chauffeur sans bouger de son siège.

L'autre passeur quitta la cabine et ouvrit le hayon pour qu'ils sortent plus vite.

L'homme était nerveux.

15 – Vous allez passer la frontière à pied, annonça-t-il.

– On est épuisés, se lamenta une femme en s'approchant de lui. On n'a rien mangé et rien bu.

– Tais-toi ! Retourne avec les autres ! Vous allez marcher dans cette direction pendant une heure, indiqua-t-il en tendant son 20 bras, jusqu'à la rivière. Là, il y a un gué, que vous franchirez. Des voitures vous attendront de l'autre côté.

– Et nos papiers ? hasarda le plus âgé du groupe.

– Ferme-la !

Sans autre commentaire, le passeur remonta dans le véhicule 25 qui fit un brusque demi-tour. Par la fenêtre ouverte, il lança deux bouteilles d'eau qui roulèrent sur la piste.

Ils furent plusieurs à se jeter dessus. Mais, contrairement à ce que Thiane craignait, ils burent chacun leur tour quelques gorgées. Les enfants eurent même droit à une deuxième 30 ration.

*

---

1 **vissé** *ici :* fixé – 2 °**heurter qc** etw anstoßen – 3 **vif** rapide – 4 **crispé** verkrampft – 6 **se contorsionner** sich verrenken – 8 **freiner** bremsen – 20 **un gué** Furt – 29 **une gorgée** Schluck

Avec la nuit, ils progressaient difficilement. Le chemin n'était qu'une succession de pièges, de troncs et de fossés. Les hommes se relayaient pour porter les enfants. Chacun gardait le silence, n'osant formuler ses craintes.

5 Une question obsédait Thiane. Les passeurs viendraient-ils vraiment les chercher de l'autre côté de la rivière ? Ou bien les avait-on abandonnés après leur avoir soutiré leur maigre fortune ?

Cette idée la terrorisa. Thiane ne pouvait pas rentrer dans 10 son village. Ce qui l'attendait là-bas était sans doute plus terrible que ce qui l'avait poussée à partir. À cette évocation, elle frémit.

Elle ne pouvait pas non plus rester en Afrique. Quel avenir pouvait y espérer une femme sans famille à ses côtés ?

15 Seule l'Europe pouvait la sauver.

Au moindre bruit de moteur, même lointain, tous se cachaient, redoutant l'arrivée d'une patrouille de garde-frontières. Dès que le silence revenait, la colonne se remettait en marche.

20 Après une vingtaine de minutes, ils parvinrent enfin à la rivière et traversèrent le gué.

Alors que ses compagnons tentaient de ne pas se mouiller, Thiane s'immergea complètement dans l'eau. Sa peau était sèche et ses cheveux raides de la poussière accumulée durant 25 le voyage.

Cela lui fit l'effet d'une douce caresse. Elle se sentit mieux.

Sur l'autre berge, un autre groupe attendait depuis plusieurs heures.

De peur d'additionner leurs craintes, ils n'échangèrent pas 30 un mot avec eux.

---

1 **progresser** *ici :* avancer – 2 **un piège** Falle – 2 **un tronc** Stamm – 2 **un fossé** Graben – 3 **se relayer pour faire qc** faire qc l'un après l'autre – 5 **obséder qn** *ici :* jdm keine Ruhe lassen – 7 **soutirer** voler – 7 **une maigre fortune** une somme d'argent relativement petite – 11 **une évocation** une pensée – 12 **frémir** trembler – 22 **se mouiller** nass werden – 23 **s'immerger** *ici :* rentrer – 24 **raide** *ici :* glatt – 24 **la poussière** p. 38 – 27 **une berge** Ufer

Thiane se mit à l'écart, se cala contre un arbre au milieu des herbes hautes.
Si la police arrivait, elle pourrait fuir discrètement.

*

Quand les étoiles une à une s'éteignirent dans le ciel, ils étaient toujours là à attendre. Thiane était épuisée, les yeux gonflés d'avoir tenté, durant la nuit, de percer l'obscurité pour guetter un éventuel danger.
Elle avait faim aussi.
L'aurore naissante révélait un peu plus la précarité de leur situation. Ils se trouvaient dans un pays où ils avaient pénétré clandestinement sans avoir la moindre certitude qu'on viendrait les chercher.
– Il faut patienter ici jusqu'à ce soir, annonça un homme. Les passeurs ne circulent que de nuit et se cachent la journée pour ne pas être repérés.
– Sinon, il y aurait trop de policiers à payer pour qu'ils gardent les yeux fermés, commenta un autre.
Personne ne réagit. Chacun ressassait, en silence, ses doutes et ses espoirs.
À la lumière du jour, Thiane tenta de repérer ceux avec qui elle avait voyagé, et remarqua que les membres de son groupe et ceux du second ne s'étaient pas mélangés.
Dissimulée sous un épais buisson d'épineux, elle aperçut Sam qui, comme elle, se tenait à l'écart. En plein jour, il lui parut moins grand mais plus beau. Il se dégageait de lui une force et une douceur mêlées, qu'elle n'imaginait pas pouvoir trouver réunies chez un homme.

---

1 **à l'écart** abseits – 6 **gonflé** geschwollen – 6 **percer** *ici :* durchdringen – 9 **l'aurore** *f* Morgenröte – 9 **la précarité** ≠ la sécurité – 11 **clandestinement** illégalement – 11 **une certitude** p. 43 – 13 **patienter** attendre – 18 **ressasser qc** répéter qc dans son esprit – 23 **un buisson d'épineux** Dornenstrauch – 25 **qc se dégage de qn** etw geht von jdm aus

Ses lèvres remuaient légèrement, comme s'il psalmodiait une prière.

Thiane demeura un long moment à l'observer puis elle se réfugia dans ses pensées. Entre son pouce et son index, elle
5 caressait délicatement sa médaille.

*

Alors que le soleil montait dans le ciel, beaucoup s'étaient endormis. Thiane, elle, luttait contre le sommeil.

Elle avait l'impression que si elle fermait les yeux, cela la mettrait en danger.
10 Soudain, une voix l'interpella dans son dos.

Le colosse.

– Comment t'appelles-tu ? demanda-t-il.

Elle leva son visage rond et le fixa droit dans les yeux.

– Thiane, répondit-elle dans un souffle.
15 – Moi c'est Sam.

– Je ne souhaite pas te parler, dit-elle aussitôt. Ni à toi ni à personne.

Surpris par sa rudesse, Sam recula d'un pas.

– Pourquoi risquer de s'attacher ? le provoqua-t-elle. Toi et
20 moi, on sait que bon nombre d'entre nous ne survivront pas à ce voyage.

Elle baissa la tête, et l'ignora.

Visiblement déçu, Sam regagna sa place. Elle ne put s'empêcher de le surveiller de loin. À aucun moment de la
25 journée, il ne s'allongea pour dormir.

Autour d'eux, la tension et la lassitude gagnaient les rangs des candidats au départ, les plus pessimistes annonçant que leurs passeurs les avaient abandonnés.

*

---

4 **se réfugier** *ici :* sich zurückziehen – 19 **s'attacher** *ici :* jdn lieb gewinnen, sich binden –
23 **déçu** enttäuscht – 26 **la lassitude** une grande fatigue

Vers minuit, deux véhicules tout-terrain vinrent les chercher. Les passeurs avaient changé, et ils étaient au nombre de quatre.

– Donne-moi tes chaussures ! exigea l'un d'eux devant un clandestin.

5 Celui-ci hésita une seconde de trop et reçut un coup de trique sur le dos. Un autre passeur avait déjà sorti un couteau.

– Tu préfères qu'on te laisse ici ? le menaça-t-il pour qu'il accélère.

10 Le clandestin retira ses baskets et ramassa en silence la paire de tongs du passeur avant de grimper en silence à l'arrière du premier 4x4.

Sam s'arrangea pour monter dans le véhicule où Thiane avait pris place. Ils étaient entassés les uns sur les autres.

15 – Je ne peux plus respirer, se lamenta un homme.

– Vous m'écrasez la jambe, geignit un autre.

– Ceux qui ne sont pas contents descendent ! hurla le chauffeur. Et maintenant je veux le silence absolu ! Le premier qui parle, on l'abandonne dans le désert...

20 La nouvelle vie de Thiane commençait bien mal, mais elle s'en moquait. Seul l'aboutissement de son périple occupait son esprit.

S'il fallait se taire, elle se tairait.

S'il fallait subir la rudesse des passeurs, elle la subirait.

25 Rien ne pourrait être pire que ce qu'elle avait fui.

Elle plaqua sa main sur sa médaille et ferma les yeux.

Seule l'Europe la protégerait, l'avait avertie sa tante.

---

1 **un véhicule tout-terrain** Geländewagen – 7 **une trique** Knüppel – 8 **menacer qn** jdm drohen – 16 **écraser** zerquetschen – 16 **geindre** stöhnen – 21 **il/elle se moque de qc** *ici :* qc lui est égal – 21 **un aboutissement** la fin – 24 **subir** ertragen

POURQUOI S'ATTACHER ?

Nafi passa la chaîne autour de son cou, puis porta la médaille à la hauteur de ses yeux.

Machinalement, elle en caressa la surface.

5 Transi de froid, Sam l'observait. Ses lèvres tremblaient. Un instant, le visage de Thiane se superposa à celui de Nafi.

Gagné par le chagrin, il serra ses doigts sur la coque et ferma les paupières. Ses pensées se tournèrent vers Thiane. Il se remémora la phrase avec laquelle elle l'avait repoussé, lors
10 de leur premier contact. *Pourquoi risquer de s'attacher ? Toi et moi, on sait que bon nombre d'entre nous ne survivront pas à ce voyage.*

Le vide qu'il ressentit était plus gigantesque encore que l'immensité de cette mer sur laquelle ils étaient perdus.

15 S'il devait mourir maintenant ou dans les heures à venir, il souhaitait que les images de Thiane l'accompagnent jusqu'au bout, comme le souvenir du son de sa voix et la douceur de ses mains.

– Elle est belle, murmura Nafi.

20 Sam fixa son regard sur la jeune naufragée, comprit qu'elle parlait de la médaille.

– Qui te l'a donnée ? lui demanda-t-elle en y déposant un baiser.

---

4 **machinalement** sans réfléchir – 5 **transi de froid** völlig durchgefroren – 7 **gagné par qc** von etw übermannt

THIANE

Leur voyage durait depuis plus de dix jours. Dans les 4x4, ils avaient parcouru des centaines de kilomètres sur des pistes défoncées, loin des grands axes routiers et des contrôles de la
5 police ou de l'armée.

Ils voyageaient la nuit, dix à douze heures d'affilée, sans le moindre arrêt, et se cachaient le jour. Aux premières lueurs de l'aube, les passeurs les faisaient descendre des véhicules, les laissaient sur place avec un peu d'eau, quelques vivres et,
10 certaines fois, du pain.

Le partage de l'eau et de la nourriture donnait lieu à des tensions, chaque jour plus vives. Ils étaient épuisés, affamés et assoiffés. Mais ils gardaient l'espoir chevillé au corps.

L'arrêt était toujours un immense moment de soulagement.
15 La possibilité d'enfin respirer, d'allonger ses jambes et de faire ses besoins. Ensuite, ils s'étendaient à l'ombre, à l'abri des regards, et tentaient de se remettre du voyage de la nuit, de reconstituer quelques forces pour endurer tous les cahots de la piste.

20 Sur trente et un voyageurs au départ, ils n'étaient plus que vingt-huit.

Malade, le premier avait renoncé. Le deuxième avait disparu, trois jours plus tôt, et était absent quand les passeurs étaient venus les récupérer à la nuit tombée. Malgré les protestations
25 unanimes du groupe, ces derniers avaient refusé d'attendre.

Quant au troisième homme, après avoir refusé de verser un supplément au prix de son passage, il avait tout simplement été vendu à un autre réseau.

---

4 **défoncé** *ici :* uneben – 6 **d'affilée** à la suite – 11 **donner lieu à qc** créer qc – 12 **vif** *ici :* fort – 12 **affamé** → la faim – 13 **assoiffé** → la soif – 13 **chevillé** *ici :* attaché, accroché – 14 **un soulagement** Erleichterung – 15 **faire ses besoins** *mpl* aller aux toilettes – 16 **s'étendre** s'allonger (sich hinlegen) – 16 **à l'abri de** protégé de – 17 **se remettre** *ici :* se reposer – 18 **endurer** aushalten – 18 **un cahot** Stoß – 25 **unanime** einhellig – 26 **verser** *ici :* payer – 27 **un supplément** un prix à payer en plus – 28 **un réseau** Netzwerk

Les passeurs les considéraient comme une marchandise dont il fallait tirer le maximum pour rentabiliser l'opération.

Le douzième soir, dans les dernières lueurs du crépuscule, ils furent pris en charge par de nouveaux passeurs.

5 – Mettez-vous en rang ! cracha l'un d'eux.

Il portait sur la tête un chèche beige qui couvrait une partie de son visage, ne dévoilant que ses yeux. Un pistolet dépassait ostensiblement de sa ceinture.

Thiane et ses compagnons d'infortune obtempérèrent sans
10 un mot.

L'homme au chèche défila devant eux, tel un général qui passe ses troupes en revue. De son regard hautain et méprisant, il les fixa un à un.

– Vous n'êtes que des sous-hommes ! aboya-t-il soudain.
15 Derrière lui, les autres passeurs ricanèrent.

– Vos vies dépendent de nous, poursuivit-il sur un ton arrogant, et seulement de nous !

Thiane, comme ses compagnons, baissa les yeux, refusant de se laisser atteindre par ces paroles. Faire le dos rond. Subir sans
20 rien dire. Et ne garder qu'une idée en tête : gagner l'Europe.

Bientôt, ils atteindraient la côte libyenne. Là, comme la somme payée le prévoyait, ils embarqueraient sur un bateau à destination de l'Italie. Ensuite, une nouvelle vie commencerait, où le rêve et l'espoir auraient peut-être droit de cité.

25 Thiane trouverait un travail, mettrait de l'argent de côté, en enverrait une partie à sa famille restée au pays. De l'argent honnêtement gagné, qui permettrait peut-être à ses sœurs d'échapper au calvaire qu'elle avait failli subir.

---

1 **une marchandise** Ware – 3 **le crépuscule** l'arrivée de la nuit – 4 **prendre qn/qc en charge** *ici :* jdn/etw übernehmen – 5 **un rang** Reihe – 6 **un chèche** *afr* un *tissu* (Stoff) qui recouvre la tête – 8 **ostensiblement** de manière très visible – 8 **une ceinture** Gürtel – 9 **obtempérer** faire ce qu'on nous dit de faire – 12 °**hautain** arrogant – 12 **méprisant** verächtlich – 15 **ricaner** hämisch lachen – 19 **atteindre** *ici :* treffen – 19 **faire le dos rond** *expr fig* ne pas réagir aux reproches qu'on nous fait – 24 **avoir droit de cité** *expr* être (de nouveau) accepté – 25 **mettre de l'argent de côté** sparen – 28 **échapper à qc** etw entgehen – 28 **un calvaire** Martyrium – 28 **faillir faire qc** presque faire qc

En pensant à elles, Thiane ressentit un violent pincement au cœur. Elle se promit, une fois parvenue en Europe, d'écrire une longue lettre à sa famille pour lui expliquer les raisons de sa fuite. Elle voulait que les siens sachent où elle vivait, lever les
5 inquiétudes, les doutes et, qui sait, les faire changer d'avis ?

– Toi ! Avance ! commanda l'homme au chèche.

Thiane observa les autres, comprit qu'il s'adressait à elle.

Instantanément, ses jambes se mirent à trembler et son esprit commença à bouillonner.

10 Par peur d'être à leur tour pris à partie, ses compagnons baissèrent les yeux. Ce qu'elle fit aussi, en fixant ses chaussures trouées.

Sale, vêtue de haillons, elle ressemblait à une vagabonde et n'était plus certaine que sa propre mère, si elle la croisait à cet
15 instant, la reconnaîtrait.

– Tu viens avec nous, lui ordonna le passeur. On va s'occuper de toi, ma jolie.

À ces mots, son cœur bondit dans sa poitrine et une bouffée de rage l'envahit. Du coin de l'œil, elle vit Sam lever la tête,
20 puis se redresser pour faire un pas dans sa direction.

– Ne bouge pas d'ici ! le retint l'un des passeurs d'une main ferme sur son épaule.

Leurs regards se croisèrent une fraction de seconde.

D'une moue déterminée, Thiane lui intima de rester en
25 dehors de tout cela.

Déjà l'homme passait une main pleine d'envie sur son bras. Thiane se raidit de dégoût.

– Combien ? demanda Sam d'une voix assurée.

Surpris, l'autre le fixa une seconde avant de poursuivre son
30 geste sur le cou, puis la nuque, de Thiane.

– Combien ? répéta-t-il.

---

4 **les siens** sa famille – 9 **bouillonner** *ici :* paniquer – 10 **prendre qn à partie** jdn anmachen – 12 **troué** → un trou (Loch) – 13 **sale** ≠ propre – 13 **vêtu** → un vêtement – 13 **des °haillons** *mpl* Lumpen – 24 **une moue** *ici :* une expression de la bouche – 24 **déterminé** décidé – 24 **intimer à qn de faire qc** ordonner à qn de faire qc – 27 **se raidir** sich verkrampfen – 30 **la nuque** Nacken

L'homme lui saisit le poignet et lui tordit le bras dans le dos pour le forcer à s'agenouiller.

– Regarde-toi, tu n'es qu'un traîne-misère.

Il éclata de rire. Ses trois comparses firent de même.

5 Pour se retenir de proférer une bordée d'insultes et un crachat, Thiane serra les mâchoires.

La délaissant, l'homme au chèche alla se planter devant Sam.

– Jette un œil autour de toi. Que vois-tu ?

10 De sa main, il le força à tourner la tête d'un côté, puis de l'autre.

La nuit avait pris possession des lieux. Les silhouettes des rochers et des dunes se dessinaient sous la clarté de la lune.

– Alors ? insista l'homme.

15 – Rien, murmura Sam d'une voix tremblante.

– Est-ce là que tu veux terminer ta misérable existence ?

– Non. Je veux juste acheter la tranquillité de Thiane.

Elle se tétanisa.

Sam passa la main dans son pantalon, en retira une liasse
20 conséquente. Elle vit le regard de son agresseur s'allumer. N'allait-il pas empocher les billets et ensuite abuser d'elle comme il l'avait prévu ?

L'homme empocha l'argent.

– On prend la route ! annonça-t-il d'une voix forte. Je ne veux
25 pas entendre un mot.

Un profond soulagement envahit Thiane.

Alors qu'elle grimpait à l'arrière du 4x4, elle glissa à Sam un simple merci et, de sa main, effleura son bras.

---

1 **le poignet** Handgelenk – 1 **tordre** *ici :* umdrehen – 2 **s'agenouiller** se mettre à genoux – 3 **un traîne-misère** armer Teufel – 4 **un comparse** un complice – 5 **proférer** prononcer – 5 **une bordée** une série – 6 **un crachat** Spucke – 6 **serrer les mâchoires** *fpl* die Zähne zusammenbeißen (**une mâchoire** Kiefer) – 13 **un rocher** Felsen – 13 **la clarté** → clair – 18 **se tétaniser** erstarren – 20 **conséquent** *ici :* beachtlich – 21 **empocher** → une poche – 21 **abuser de qn** *ici :* jdn missbrauchen – 26 **un soulagement** p. 51 – 28 **effleurer** toucher légèrement

– Cet argent était destiné à payer le passage d'un ami, lui
souffla-t-il à l'oreille, mais il m'a fait faux bond.

*

Au cours des jours suivants, Thiane se rapprocha de Sam, lui
confia son souhait de rejoindre l'Angleterre où vivait l'une de
5 ses cousines.
– Ici, ils allaient me marier de force, finit-elle par lui avouer.
Ce n'est pas de cette vie que je veux.
Sam garda le silence et lui saisit la main, qu'il pressa dans
les siennes. Thiane ressentit un profond besoin de parler et
10 d'évoquer son malheur.
– Mon père veut me marier avec un de ses cousins éloignés.
Un homme âgé, que je ne connais même pas. C'est une de mes
tantes qui m'a encouragée à fuir. C'est elle qui a réglé les
passeurs. Elle m'a donné cette médaille pour qu'elle me
15 protège, ainsi que l'adresse de sa fille, à Londres. Elle aussi a
échappé à un mariage forcé.

*

Durant les trajets, ils se tenaient la main. Thiane ne savait
pas encore si Sam deviendrait pour elle un frère ou un
amoureux, si une histoire plus profonde allait naître. Elle s'en
20 moquait. Elle l'aimait bien, sa présence la rassurait. Et l'heure
n'était pas à ce genre d'interrogations.

*

Alors qu'ils ne l'espéraient plus, l'annonce tant attendue
retentit enfin.
– Nous sommes arrivés ! Vous descendez, annonça le
25 chauffeur.

---

1 **être destiné à faire qc** avoir pour but de faire qc – 2 **faire faux bond à qn** *expr* jdn
versetzen – 13 **régler** *ici :* payer – 17 **un trajet** un voyage

– Où est-on ? demanda Sam.

Pour seule réponse, le chauffeur lui jeta son passeport à la figure.

Autour d'eux, il y avait une série de maisons loqueteuses.

5 Plus loin, ils aperçurent les lueurs d'une ville.

Ils regardèrent partir en trombe les véhicules. Ils étaient désormais livrés à eux-mêmes et ignoraient de quoi serait composé leur lendemain.

---

3 **la figure** le visage – 4 **loqueteux** *ici :* heruntergekommen – 6 **partir en trombe** *fam* wie der Blitz davondüsen – 7 **livré à soi-même** sich selbst überlassen

NE PAS DORMIR

Sam avait enroulé autour de son bras un morceau de corde, dont il avait noué l'extrémité à la coque. S'il s'endormait d'épuisement, il espérait que la tension du cordage sur ses
5 muscles le réveillerait.

Par moments, il somnolait. Parmi les images qui envahissaient alors son esprit, des vagues furieuses qui l'arrachaient à l'épave pour l'emmener au large. L'instant d'après, un monstre invisible qui le saisissait à la jambe et
10 l'entraînait vers le fond.

À chaque fois, Sam sursautait et se promettait de demeurer éveillé, loin de ces terribles cauchemars. Mais le léger balancement de la houle, associé à l'eau glacée, le plongeait dans un état proche de la torpeur.
15 Depuis le passage de l'avion quelques heures plus tôt, ils n'avaient plus perçu le moindre bruit attestant d'une quelconque présence humaine sur cette Terre.

Le néant régnait en maître absolu.

Une effroyable sensation d'abandon les étreignait. Ils allaient
20 sans doute mourir, et personne ne le saurait jamais. Et quand bien même apprendrait-on leur sort...

Sam aurait voulu pleurer, mais il n'y parvint pas.

Soudain, des hurlements s'élevèrent à l'avant.

– Lâche-moi ! criait une femme.
25 D'un geste vif, Sam défit la corde qui retenait son poignet et, en quelques brasses, gagna la proue.

Un homme d'une trentaine d'années, debout sur la coque, secouait une naufragée en lui tordant le bras.

---

3 **nouer** (zu)binden – 4 **le cordage** → la corde – 6 **somnoler** dormir à moitié –
8 **arracher** wegreißen – 10 **entraîner** *ici :* ziehen – 10 **le fond** *ici :* Grund – 11 **sursauter**
zusammenzucken – 13 **un balancement** *ici :* Hin- und Herschwanken – 13 **la °houle**
Seegang – 14 **un état** *ici :* Zustand – 14 **la torpeur** Erstarrung – 16 **attester** montrer,
prouver – 17 **un,e quelconque...** irgendein... – 18 **le néant** Nichts – 18 **régner**
herrschen – 19 **effroyable** terrible – 19 **étreindre qn** *ici :* jdn packen, jdn überwältigen –
20 **quand bien même** auch wenn – 26 **la brasse** Brustschwimmen, *ici :* Schwimmstoß –
28 **secouer** schütteln

– Qu'est-ce que tu fais ? l'interpella Sam.

– C'est à son tour d'aller dans l'eau.

– Ce n'est pas ce qu'on a décidé. Les femmes et les enfants restent sur l'épave. C'est leur seule chance de survivre.

5 – Pourquoi j'accepterais de crever, moi ? lui jeta l'homme d'un œil mauvais.

Il battait l'air avec des gestes nerveux, faisant dangereusement tanguer la coque.

– Calme-toi, lui intima Sam.

10 – Non, je ne veux pas me calmer. Si je me calme, je vais mourir.

– Si nous gardons notre sang-froid et si nous restons unis, personne ne mourra, tenta-t-il.

– Arrête de dire n'importe quoi. Tu sais très bien qu'on va 15 tous y passer.

L'homme fit un pas en avant, arracha la lampe torche de la main de la femme qui la tenait et la braqua sur Sam.

Une vive douleur lui brûla les yeux, qu'il protégea aussitôt de sa main.

20 – Regarde-toi, tu pues la trouille. Tu es déjà mort dans ta tête.

– Djal ! Arrête, par pitié ! l'interpella une femme un peu plus loin.

– Djal, reprit Sam, essayons de discuter.

25 L'homme dirigea alors la lampe sur les cadavres qui flottaient tout autour.

– Tu seras bientôt comme eux, cracha-t-il.

– Éteins cette lampe, commanda Sam. Il faut économiser la pile.

30 Les pleurs des enfants réveillés envahirent la nuit. Certains se redressèrent. Si Sam n'intervenait pas, la coque allait chavirer. Aussi il grimpa à son tour sur l'épave, les mains levées en signe d'apaisement.

---

5 **crever** *fam* mourir – 8 **tanguer** stampfen – 12 **le sang-froid** *ici :* le self-control – 15 **y passer** mourir – 17 **braquer qc sur qn/qc** diriger qc sur qn/qc – 20 **puer** stinken – 20 **la trouille** *fam* la peur – 22 **par pitié !** *ici :* ich flehe dich an! – 31 **chavirer** kentern

– N'approche pas ! le menaça Djal en tirant soudain de sa poche un couteau dont il déplia la lame.

Une femme se mit à crier, une autre murmura des prières.

Enjambant des corps pétrifiés, Sam avançait doucement, 5 centimètre par centimètre. Sous ses pieds, l'embarcation tanguait.

– Donne-moi cette lampe et retourne à l'eau. Nous ne nous sortirons de là que si nous restons unis, répéta-t-il d'une voix posée.

10 Djal ne l'écoutait pas. De nouveau, il lui braqua la lampe torche dans les yeux. Aveuglé, Sam replia un bras devant son visage.

Alors, l'homme se jeta sur lui. Sam fit un pas de côté mais, déséquilibré, il s'affala sur le bois. Djal le ceintura. Pour éviter 15 qu'il ne l'atteigne de sa lame, Sam agrippa son bras et le maintint au sol.

Deux naufragés grimpèrent sur la coque pour lui porter secours.

D'un violent coup de pied dans le sternum, Djal réexpédia 20 le premier dans la mer. Sautant sur l'occasion, Sam le saisit au cou, tenta une torsion. Djal poussa un grognement, se dégagea d'un vif mouvement d'épaule. Enlacés l'un à l'autre, ils roulèrent sur le bois trempé et tombèrent à l'eau.

Djal lâcha la torche. Incrédule, Sam observa le halo 25 lumineux s'enfoncer sous leurs pieds, puis disparaître dans les profondeurs obscures.

Profitant de son inattention, Djal arma son bras et abattit son couteau sur l'épaule gauche de Sam. Une violente douleur lui arracha un cri. L'eau envahit sa bouche. Il coula. Brassant 30 le liquide glacé avec ses membres, il regagna la surface,

---

2 **déplier** *ici :* sortir – 2 **une lame** Klinge – 4 **enjamber qc** passer par-dessus qc – 4 **pétrifié** *ici :* starr (vor Schreck) – 9 **posé** *ici :* calme – 11 **aveuglé** geblendet – 14 **s'affaler** tomber – 14 **ceinturer qn** *ici :* jdn umklammern – 15 **atteindre** *ici :* toucher – 15 **agripper** packen – 19 **le sternum** Brustbein – 19 **réexpédier** envoyer de nouveau – 20 **sauter sur l'occasion** profiter de l'occasion – 21 **une torsion** Verstauchung – 22 **enlacé** umschlungen – 24 **un °halo** Lichthof – 29 **couler** untergehen – 30 **un membre** *ici :* Körperglied

aspira une bouffée d'air avant de couler à nouveau, poussé par son adversaire. La douleur à l'épaule était si vive qu'il ne pouvait utiliser son bras gauche. Au-dessus de lui, Djal battait rageusement l'eau de ses pieds pour l'atteindre encore.

5 Sam reçut un coup à la tête, un autre à son épaule blessée. Assommé, il glissait inexorablement sous la coque quand une main saisit son poignet. La pression était forte, mais le geste posé.

Épuisé, Sam se laissa guider. Au-dessus de lui, les 10 mouvements fous de Djal avaient cessé.

Quand il émergea à la surface, le silence était pesant. Sam jeta un coup d'œil circulaire, ne vit plus son agresseur. À la lueur de la lune, il comprit le sens des regards qui fuyaient le sien.

15 La liste des morts venait de s'allonger.

Deux hommes l'aidèrent à remonter sur la coque. Là, en grimaçant, il s'étendit avec difficulté sur le dos.

Nafi se précipita sur lui et eut un mouvement de recul à la vue du sang qui coulait de son épaule.

20 Sam passa ses doigts sur sa plaie, trouva le contact du sang chaud presque agréable. La seconde d'après, il réalisa que ses chances de s'en sortir venaient de s'amenuiser considérablement.

Pour tenter de stopper l'hémorragie, Nafi pressa un linge 25 détrempé sur sa blessure. La morsure du sel tira à Sam un gémissement de douleur. Par réflexe, il posa la main sur la plaie. Le sang coulait toujours.

Il ferma un instant les yeux et fut emporté par un tourbillon de souvenirs mauvais.

---

6 **assommé** bewusstlos geschlagen – 6 **inexorablement** p. 36 – 11 **émerger** sortir – 11 **pesant** *ici :* bedrückend – 12 **circulaire** autour de lui – 18 **avoir un mouvement de recul** zurückschrecken – 20 **une plaie** Wunde – 22 **s'en sortir** *ici :* sortir vivant de la situation – 22 **s'amenuiser** diminuer, devenir plus petit – 23 **considérablement** beaucoup – 24 **une hémorragie** Blutung – 24 **un linge** *ici :* Tuch – 25 **détrempé** nass – 25 **la morsure** p. 40 – 25 **le sel** Salz – 26 **un gémissement** Stöhnen – 28 **un tourbillon** Wirbelsturm (*ici : fig*)

Il repensa à Samory. Au coup de feu qu'il avait entendu claquer dans la cave, au sang qu'il avait imaginé couler de son corps sans vie.

Sam ne pourrait jamais tenir la promesse qu'il lui avait faite.

5   Il fut pris d'une violente nausée.

1 **un coup de feu** Schuss – 2 **une cave** Keller – 5 **une nausée** Übelkeit

SAMORY

La cave où ils se cachaient était située dans un quartier pauvre de Tripoli, éloigné du centre-ville et de la côte. Elle mesurait en tout et pour tout quatre mètres sur cinq.

5 Dans un coin, leurs prédécesseurs avaient construit un petit four. Un conduit bosselé, qui sinuait jusqu'à un soupirail grillagé pour empêcher les rats et les serpents d'entrer, guidait les fumées vers l'extérieur.

Malade, Samory moisissait là depuis presque vingt-trois 10 mois, ce qui faisait de lui le plus ancien de ce lieu.

Depuis des années, une saloperie de virus empoisonnait son sang. Une maladie qu'il ne pourrait soigner que s'il parvenait à gagner l'Europe. Plus que le manque de traitement, c'était le manque d'argent pour bénéficier de soins qui l'avait convaincu 15 de quitter son pays.

Le mal l'avait rattrapé avant qu'il ait eu la chance d'embarquer et grignotait à présent ses dernières forces. Ses mains tremblaient de plus en plus. Par moments, la fièvre le coupait de la réalité et il sombrait dans des mondes absurdes 20 où il courait et volait.

Quand la fièvre le délaissait, il comprenait que son état de santé ne lui permettrait plus ni de faire le voyage, ni de rentrer chez lui. Chaque jour il assistait, impuissant, à son lent et inexorable naufrage. Il ne parvenait même plus à se 25 lever pour puiser un peu de cette eau stockée dans un gros bidon métallique, en partie rouillé, que chacun s'efforçait de maintenir à niveau.

---

2 **une cave** Keller – 5 **un prédécesseur** qn qui était là avant – 6 **un four** Ofen – 6 **un conduit** Rohr – 6 **bosselé** verbeult – 6 **sinuer** ≠ aller tout droit – 6 **un soupirail** Kellerfenster – 7 **grillagé** vergittert – 7 **un serpent** Schlange – 9 **moisir** verfaulen, verdorren – 11 **une saloperie de virus** *fam* ein Scheißvirus – 11 **empoisonner** vergiften – 12 **le sang** Blut – 12 **soigner** pflegen, behandeln – 13 **un traitement** Behandlung – 14 **les soins** *mpl* Pflege – 16 **rattraper** *ici :* einholen – 17 **grignoter** *ici :* einschränken – 18 **la fièvre** Fieber – 19 **sombrer** versinken – 25 **puiser** schöpfen – 26 **rouillé** verrostet – 26 **s'efforcer** essayen

Samory guettait les signes d'une hypothétique rémission, d'un léger mieux qui lui permettrait de sortir de cette cave et d'être arrêté par les autorités, avec l'espoir qu'elles l'expulseraient vers la terre de ses ancêtres. Car c'était là qu'il
5 voulait mourir.

Depuis que Samory était terré à Tripoli, il en avait vu défiler des candidats à l'exode. De tous âges, de tous pays et de toutes conditions.

Les semaines et les mois passant, certains décidaient de jeter
10 l'éponge et de rentrer chez eux. Ils étaient aussitôt remplacés.

Dernièrement, il avait vu arriver deux jeunes qui, contrairement aux autres, ne l'avaient pas ignoré. Elle s'appelait Thiane, lui Sam. Ils formaient un couple discret et n'avaient pas oublié leur humanité le jour où ils avaient quitté
15 leur pays.

Chaque matin, après s'être assurés que Samory ne manquait de rien, ils sortaient du refuge avec un double objectif : trouver de quoi se nourrir et localiser les passeurs qui mettraient à leur disposition un bateau pour la traversée.
20 La seule réponse qu'ils obtenaient était d'attendre. Quelqu'un les contacterait, bientôt, et viendrait les chercher.

– Plus on avance, plus nos conditions de survie empirent, lâcha Thiane un jour où l'espoir l'avait abandonnée.

Sam s'approcha d'elle, passa un bras protecteur autour de
25 ses épaules.

– Vous n'êtes pas ici pour aujourd'hui, glissa Samory, mais pour demain.

Thiane vint à son tour près de lui. Avec mille précautions, elle essuya les gouttes de sueur qui perlaient sur son front.
30 – Et si demain n'arrivait jamais ? grimaça-t-elle.

---

1 **la rémission** pour un patient, le fait d'avoir de moins en moins de symptômes de la maladie – 3 **arrêter** *ici :* verhaften – 4 **expulser qn** jdn ausweisen – 6 **être terré** *ici :* se cacher – 8 **la condition** *ici :* la situation sociale – 9 **jeter l'éponge** *expr* abandonner – 10 **remplacer** ersetzen – 11 **dernièrement** neulich – 17 **un refuge** Unterschlupf – 18 **mettre qc à la disposition de qn** jdm etw zur Verfügung stellen – 22 **empirer** devenir de plus en plus mauvais – 28 **avec mille précautions** *fpl* sehr vorsichtig – 29 **essuyer** abtrocknen – 29 **une goutte** Tropfen – 29 **la sueur** Schweiß

– Aie confiance, l'exhorta-t-il.

Elle posa sur lui un regard plein de compassion, qui lui fit mal.

Dans ses yeux, il lut à quel point ses traits étaient ravagés.

5 Vêtu de loques, amaigri, il doutait d'appartenir au monde des vivants.

Samory puisa au plus profond de lui-même la force de poursuivre.

– Si vous avez quitté vos familles, c'est parce que vous n'aviez
10 plus foi en l'avenir, reprit-il. Mais viendra le jour où vous laisserez cette cave derrière vous pour prendre la mer.

– Nous ne t'abandonnerons pas, promit Thiane.

Samory sourit, avec l'espoir que son sourire ne ressemblait pas à un rictus de douleur.

15 – Ne dis pas n'importe quoi, lâcha-t-il dans un souffle. Je sais très bien ce qui m'attend.

Samory ferma les yeux. Quand il les rouvrit, Thiane s'était penchée sur lui. À présent, il sentait sa respiration sur sa joue, ses cheveux sur son bras.

20 – Vous êtes mon avenir, articula-t-il. En témoignant de l'autre côté de la Méditerranée, peut-être parviendrez-vous à convaincre les Européens d'agir pour ceux qui, comme moi, ne peuvent accéder aux soins. Ils doivent savoir qu'on nous laisse crever pire que des chiens.

25 Thiane se tourna vers Sam, qui acquiesça.

– Je te le promets, jura-t-il. Et nous trouverons un moyen de te soigner.

Samory sourit, ferma de nouveau les yeux.

– Dès notre départ, nous avons accepté que la mort fasse
30 partie du voyage, dit-il. Un compagnon de route, que nous avons préféré au chaos que nous laissions derrière nous. Pour

---

2 **la compassion** Mitgefühl – 4 **ravagé** *ici :* gezeichnet – 5 **une loque** Lumpen –
5 **douter** bezweifeln – 10 **la foi** le fait de croire – 14 **un rictus** [ʀiktys] **de douleur** *f*
schmerzverzerrtes Gesicht – 20 **témoigner** aussagen, berichten – 23 **accéder à qc**
Zugang zu etw haben – 24 **crever** *fam* mourir – 24 **pire que...** d'une manière plus
mauvaise que...

espérer vivre mieux, un jour, nous avons accepté de la côtoyer. C'était notre seul espoir de changement. Maintenant qu'elle vient me chercher, je ne tenterai pas de la fuir. On ne chasse pas un compagnon de voyage.

*

5 À partir de ce jour, Sam pénétra dans la cave avec le sourire aux lèvres. Pourtant, Samory lisait dans ses yeux la fatigue et la lassitude. Il comprit aussi que Thiane n'était pas dupe, mais elle joua le jeu.

Samory les imita, se joignant au pacte silencieux qui avait 10 été noué pour éloigner l'angoisse et le découragement.

Leur vie à tous en fut nettement allégée.

*

Après quelques semaines d'errance et de survie dans Tripoli, Sam trouva enfin un contact qu'il jugea fiable.

– J'ai rencontré un passeur, annonça-t-il à la cantonade à 15 son retour dans la cave.

Dubitative, Thiane l'interrogea du regard. Les autres se pressèrent autour d'eux.

Cette nouvelle réjouit Samory au lieu de l'attrister. Il avait confiance en Sam, en sa capacité à réussir cette traversée, à 20 devenir son porte-parole en Europe.

– Le gars possède des bateaux et accepte de nous faire partir, poursuivit Sam.

– Pour combien ?

Devant l'énormité de la somme, les protestations fusèrent.

---

1 **côtoyer qn/qc** *ici :* être à côté de qn/qc – 7 **être dupe** sich täuschen lassen – 9 **se joindre à qc** participer à qc – 11 **nettement** manifestement – 11 **alléger qc** rendre qc plus léger – 12 **l'errance** *f* le fait de marcher sans but – 13 **fiable** zuverlässig – 14 **à la cantonade** à tous – 16 **dubitatif** qui a des doutes – 17 **se presser** venir vite – 18 **réjouir qn** rendre qn joyeux – 19 **la capacité** Fähigkeit – 20 **un porte-parole** Sprecher – 21 **un gars** *fam* un garçon, un jeune homme – 24 **l'énormité** *f* → énorme

– On a déjà payé le bateau lors de notre départ, rappela l'un.

– Où on va trouver tout cet argent ? s'insurgea un autre.

– Si nous voulons faire la traversée, nous n'avons pas le choix, lui rappela Sam.

5 – Et qui nous dit qu'on ne se fera pas une nouvelle fois dépouiller ?

– Je ne peux pas vous le garantir. Personne ne pourrait vous le garantir, se défendit Sam. Cet homme propose de nous fournir du travail pour nous permettre de collecter l'argent.

10 Les discussions durèrent tard dans la nuit. Le oui l'emporta finalement.

Malgré la méfiance, ils s'endormirent tous avec des rêves de bateau.

Samory resta seul éveillé et pria longtemps pour que le projet

15 réussisse.

*

Au matin, Samory perçut un bruit inhabituel en provenance de l'escalier. On s'approchait de leur cache sans discrétion. Dans un sursaut il se redressa et tenta d'alerter ses compagnons, mais il était trop tard. Cinq hommes firent

20 irruption dans la cave, arme au poing.

– Que personne ne bouge ! hurla un soldat.

– Vous êtes en état d'arrestation, renchérit un autre.

Quand deux des clandestins tentèrent de s'enfuir, une détonation fracassante claqua, qui les figea net.

25 – La prochaine fois, nous n'hésiterons pas à tirer sur vous, prévint l'un des militaires alors que son comparse s'approchait de Samory.

– Lève-toi et rejoins les autres, aboya-t-il.

---

2 **s'insurger** se révolter – 6 **se faire dépouiller** se faire voler – 9 **fournir** *ici :* donner –
12 **la méfiance** ≠ la confiance – 16 **inhabituel** dont on n'a pas l'habitude – 18 **un sursaut**
Zusammenzucken – 19 **faire irruption** hereinstürmen – 20 **une arme** Waffe – 22 **être
en état d'arrestation** *f* verhaftet sein – 24 **une détonation** Knall – 24 **fracassant** qui fait
beaucoup de bruit – 24 **figer qn** rendre qn immobile – 25 **tirer** *ici :* schießen

Sa voix tremblait légèrement. Son regard juvénile puait la peur. Était-ce sa première intervention ?

– Il est malade, leur expliqua Sam. Il a besoin de soins.

Samory leva une main pour lui signifier de se taire et de le
5 laisser faire. Il n'avait pas peur.

Quand Sam prit Thiane par le bras et l'attira doucement contre lui, un des hommes armés s'interposa, les força à lâcher prise. L'instant d'après, on liait leurs poignets avec un collier en plastique.

10 – Où nous emmenez-vous ? leur demanda Sam.

En guise de réponse, il reçut un coup de crosse entre les omoplates qui le força à avancer.

Alors qu'ils grimpaient l'escalier pour gagner la rue, Samory leur adressa un dernier signe de la main.

15 Le silence retomba dans la cave, rendant plus solennel son face-à-face avec le jeune militaire.

L'heure de sa libération était-elle enfin arrivée ? Un léger sourire de soulagement se dessina sur son visage.

Rassemblant ses forces, il replia ses jambes avec douceur,
20 puis les détendit brusquement comme s'il tentait de s'enfuir.

Ainsi qu'il l'avait pressenti, le jeune militaire paniqua, redressa le canon de son fusil, le pointa dans sa direction et fit feu.

---

1 **juvénile** jeune – 1 **puer** p. 58 – 7 **s'interposer** se mettre entre deux personnes –
7 **lâcher prise** loslassen – 8 **lier** attacher – 8 **un poignet** Handgelenk – 8 **un collier**
Halskette – 11 **en guise de** comme – 11 **un coup de crosse** f Kolbenhieb – 12 **une**
omoplate Schulterblatt – 15 **solennel** très sérieux – 19 **replier** anwinkeln – 22 **un canon**
ici : Lauf

LA FIÈVRE

La douleur irradiait la moitié supérieure gauche de son corps. Elle l'envahissait. À chaque inspiration, Sam ressentait un élancement qui le transperçait de part en part. Des spasmes 5 violents le parcouraient.

– J'ai froid, murmura-t-il dans un souffle.

Nafi tira sur lui une couverture mouillée, passa sur son front brûlant sa main rafraîchie par l'eau de mer.

Dans le ciel découvert, il essaya de compter les étoiles. Elles 10 étaient des milliers, si proches et si lointaines. Avec la fièvre, il lui semblait qu'elles dansaient, refusant de se laisser saisir par son regard.

Dès qu'il demeurait immobile, la douleur s'estompait et une sensation de paix le gagnait peu à peu.

15 – Le sang ne coule plus, le rassura Nafi.

Sam huma l'air. La mer n'avait pas la même odeur que l'océan qui bordait son pays, sur lequel son père l'emmenait parfois pêcher. Il se remémora le relent puissant et âcre des algues en décomposition, des feux sur lesquels grillaient en 20 permanence des poissons, des effluves, plus puissants encore, de ceux qui séchaient au soleil sur de grands cadres en bois.

Sam inspira de nouveau, sentit cette fois les picotements caractéristiques du mazout. Aussitôt, l'image du générateur de son père envahit son esprit. Mais cette vie n'était plus la 25 sienne. Elle lui parut lointaine, presque étrangère.

Pendant ce temps, leur épave continuait à dériver dans une direction choisie par les courants et les vents.

*

2 **irradier** *ici :* ausstrahlen – 3 **envahir** *ici :* überwältigen – 4 **un élancement** une forte douleur – 4 **transpercer qn** traverser le corps de qn – 4 **un spasme** Krampf – 9 **une étoile** Stern – 13 **s'estomper** diminuer, devenir moins important – 16 °**humer** einatmen – 18 **un relent** une odeur forte et mauvaise – 18 **âcre** *ici :* streng – 19 **en décomposition** am Verfaulen – 20 **un effluve** une odeur – 22 **un picotement** Kribbeln – 27 **le courant** Strömung

Si la mort devait le cueillir, Sam se dit qu'il partirait nager dans le ciel, parmi les étoiles. Cette pensée lui tira un léger sourire.

Sa bouche était sèche, sa langue enflée et dure. Il avait soif.

5 L'idée d'être entouré d'eau l'amusa. Il se revit dans le désert, quelques mois plus tôt, suffoquant à l'arrière du 4x4, sans la moindre goutte d'eau. Les dunes succédaient aux champs de cailloux brûlés par le soleil. Pourquoi ne survivrait-il pas à cette nouvelle épreuve ?

10 Autour de lui, lamentations et prières se mêlaient dans un gémissement continu.

Sam laissa son bras valide courir sur la coque, jusqu'à l'eau. Avec précaution, Nafi le replaça le long de son corps, sous la couverture.

15 – Ne bouge pas, lui recommanda-t-elle.

À la lueur de la lune, il distingua la médaille qui brillait et oscillait au-dessus de ses yeux.

– Thiane ? lança-t-il.

– C'est moi, Nafi, corrigea la petite fille.

20 La déception de Sam fut immense. Il aurait juré l'avoir vue.

Il se força à sourire. Elle lui passa maladroitement une main sur la joue.

Dans l'instant, telle une vague qui attaque sauvagement la coque, une autre vision l'assaillit. Samory était étendu à côté

25 de lui et leurs sangs se mêlaient. Sam écouta ; il n'entendait battre qu'un seul cœur. Le sien ?

Par moments, il se rendait compte qu'il divaguait et tentait de s'accrocher à la réalité comme un naufragé à une bouée mais, très vite, il repartait à la dérive.

30 – Kenjo ? appela-t-il plus tard.

– Dors, il faut te reposer, dit Nafi d'une voix douce.

– Je dois voir Kenjo, insista Sam.

---

1 **cueillir qn** *ici :* venir chercher qn – 4 **enflé** geschwollen – 6 **suffoquer** avoir du mal à respirer – 8 **un caillou** Stein – 9 **une épreuve** Prüfung – 10 **une lamentation** Jammern – 11 **un gémissement** Stöhnen – 12 **valide** ≠ invalide – 21 **maladroitement** ungeschickt – 27 **divaguer** fantasieren – 28 **une bouée** Rettungsring

Il tenta de se redresser. Aussitôt une atroce douleur le saisit.

– Kenjo, répéta-t-il en serrant les dents. Il va nous aider. Il sait.

Alors que Sam sombrait de nouveau, une larme
5 d'impuissance coula sur la joue de Nafi.

---

1 **atroce** horrible – 4 **sombrer** *ici :* ohnmächtig werden

KENJO

Le camp où ils avaient été confinés n'était qu'une suite sans fin de baraquements en tôle ondulée, clôturés par de hautes grilles. Ils étaient entassés là par groupes de quarante. Femmes 5 et hommes séparés.

Kenjo ruminait cette situation. Il avait la nette impression d'être revenu à son point de départ.

Il se dit que tous les camps de rétention de clandestins ressemblaient à celui-ci. En tout cas, c'était vrai pour ceux 10 dans lesquels il avait déjà été interné.

Cela n'entama pas sa détermination. Il tenterait sa chance. Encore et encore. Jusqu'à passer.

Pour l'heure, il était prisonnier. Comme tous les autres ici.

Même si on les avait accueillis en les qualifiant de réfugiés, 15 ils n'étaient que des prisonniers.

La nourriture était infecte et insuffisante. L'eau manquait et n'était pas potable. Le soleil chauffait à blanc les tôles, transformant sans pitié leur prison en four. Et puis il y avait l'odeur, pestilentielle, que Kenjo ne supportait plus, qui lui 20 rappelait qu'ils étaient condamnés à croupir là d'interminables mois.

Kenjo se raccrochait à l'idée que, tôt ou tard, l'occasion de retenter une traversée se présenterait, comme la fois précédente. Il était prêt à tout pour saisir cette opportunité. Il 25 lui fallait un allié.

Kenjo observa ses compagnons.

Beaucoup étaient prostrés, les yeux perdus et baissés au sol, rongés par le désespoir.

---

2 **confiner** *ici* : enfermer – 3 **la tôle ondulée** Wellblech – 3 **clôturé** eingefriedet – 4 **une grille** Drahtzaun – 4 **entasser des gens** Leute zusammenpferchen – 6 **ruminer qc** über etw brüten – 8 **la rétention** *ici* : Abschiebungshaft – 11 **entamer** *ici* : ins Wanken bringen – 11 **la détermination** p. 32 – 16 **infect** *ici* : très mauvais – 16 **insuffisant** ≠ assez (→ suffire) – 17 **l'eau potable** Trinkwasser – 17 **chauffer à blanc** weißglühen – 18 **sans pitié** f erbarmungslos – 19 **pestilentiel** widerlich – 20 **être condamné à faire qc** verdammt sein etw zu tun – 27 **prostré** völlig niedergeschlagen – 28 **rongé** *ici* : geplagt

– Je veux rentrer chez moi, se lamenta un d'eux.

– Laissez-nous sortir, renchérit un autre.

– Les Occidentaux ne veulent pas de vous ! rétorqua un gardien qui effectuait sa ronde de l'autre côté du grillage. Leurs
5 gouvernements nous payent pour qu'on vous interne ici ! Alors, tant qu'ils payeront, nous vous garderons dans ces camps.

Le gardien éclata de rire et, d'une pichenette, envoya valser son mégot avant de regagner son coin d'ombre.

Deux réfugiés se précipitèrent sur le grillage pour tenter
10 d'attraper le mégot encore fumant. L'un y parvint, le porta à ses lèvres en veillant à ce que personne ne l'agresse pour le lui arracher.

Ils étaient devenus des bêtes, survivant dans la crasse, dans leurs excréments, affamés et malades. Kenjo secoua la tête de
15 dépit.

Si on les relâchait aujourd'hui, la honte empêcherait beaucoup d'entre eux de regagner leur village, se dit-il. Comment auraient-ils pu affronter dans cet état le regard des leurs ?

20 Kenjo refusait de se laisser gagner par le pessimisme ambiant, encore moins de baisser les bras. Tant que ses frères, ses sœurs et ses parents ignoraient ce qu'il était devenu, ils pouvaient croire en sa réussite ou en sa quête d'un avenir glorieux.

25 Au fond de lui, il était convaincu qu'un jour il reviendrait au pays avec de l'argent plein les poches et qu'il leur prouverait qu'il avait eu raison d'y croire.

Kenjo fixa son attention sur un adolescent qui lui parut différent des autres. Alors que tous les réfugiés semblaient
30 gagnés par la résignation, lui était habité par une farouche volonté de s'en sortir.

---

7 **une pichenette** Schnipser – 7 **valser** *fam ici :* fliegen – 8 **un mégot** le reste d'une
cigarette – 10 **fumer** rauchen – 13 **la crasse** Dreck – 15 **le dépit** *ici :* Ärger – 21 **ambiant**
ici : général – 21 **baisser les bras** *mpl* abandonner – 30 **qn est habité par un sentiment**
in ihm/ihr lebt ein Gefühl – 30 **farouche** *ici :* eisern

À plusieurs reprises, il l'avait entendu hurler un prénom, Thiane, sans jamais obtenir la moindre réponse. Le jeune homme avait questionné les gardiens, tenté de les attendrir en leur racontant qu'ils s'aimaient et devaient bientôt se marier.

5 Rien n'y avait fait.

Kenjo avait appris qu'il s'appelait Sam.

Très vite, il avait vu en lui le moyen d'obtenir ce qui lui avait manqué lors de sa tentative précédente : l'argent. Car il en était convaincu, seul l'argent avait le pouvoir de lui ouvrir les portes

10 de l'Europe.

Obstiné, prêt à tout pour retrouver sa fiancée et lui offrir un avenir meilleur, Sam était l'allié qu'il lui fallait.

Il ne l'aborda pas. Pour l'instant, l'observer lui suffisait.

Il agirait en temps voulu, dès que l'occasion se présenterait.

15 Celle-ci ne tarda pas.

Un matin, aux premières heures, un homme débarqua dans le camp. Il n'était pas vêtu comme les gardiens et se cachait derrière une paire de lunettes de soleil.

Dès qu'il le vit, Kenjo comprit ce qu'il cherchait.

20 Aussitôt, il s'approcha de Sam.

– Sam ? l'interpella-t-il à mi-voix.

– Qui es-tu ?

– Viens avec moi, lui intima Kenjo.

Étonné, Sam leva vers lui un regard interrogateur.

25 – Si tu veux avoir une chance de sortir d'ici, c'est maintenant. Suis-moi.

Sans l'interroger davantage, Sam se redressa et lui emboîta le pas.

– Gonfle le torse et montre tes muscles, c'est ça qui

30 l'intéresse.

– Qui ? demanda l'adolescent.

---

3 **attendrir qn** jdn berühren – 8 **une tentative** Versuch (→ tenter) – 11 **obstiné** *ici :* hartnäckig – 13 **aborder qn** jdn ansprechen – 16 **débarquer** *ici :* arriver – 27 **emboîter le pas à qn** suivre qn – 29 **gonfler le torse** die Brust herausstrecken

D'un signe du menton, Kenjo lui indiqua l'homme au costume.

– Qu'est-ce qu'il fabrique ici ?

– Il recrute.

5   Kenjo bandait les muscles de ses bras et invita Sam à faire de même.

Dans les baraquements voisins, l'homme indiquait d'un geste certains hommes, que les gardes extrayaient aussitôt du groupe.

10   L'inconnu s'approcha de leur baraquement, n'hésita pas bien longtemps avant de les désigner.

– Il veut nous faire bosser et nous serons payés, expliqua Kenjo alors qu'on les menait vers un camion.

– Bosser ?

15   – Il a besoin de gars costauds pour travailler sur les chantiers.

– Pourquoi m'a-t-il choisi ? lui demanda Sam, incrédule.

– Parce que tu es grand et fort, rétorqua Kenjo, le sourire aux lèvres.

20   – Et alors ?

Kenjo sourit de plus belle.

– Si tu travailles bien, tu seras gardé sur les chantiers et payé. Et comme c'est grâce à moi, tu me reverseras une partie de ton salaire.

25   Sam écarquilla les yeux.

– Et si je refuse ?

Kenjo prit un air grave.

– Je trouverai le moyen de te faire renvoyer. Cela n'empêche qu'on peut devenir amis, suggéra-t-il.

30   Comme il s'y attendait, Sam refusa sa proposition. Kenjo s'en moquait. Là n'était pas sa priorité.

---

2 **un costume** Anzug – 3 **fabriquer** *ici : fam* faire – 5 **bander** *ici :* spannen – 8 **extraire** herausholen – 11 **désigner qn/qc** montrer qn/qc – 12 **bosser** *fam* travailler – 15 **costaud** fort – 27 **grave** *ici :* sérieux – 28 **renvoyer qn** *ici :* jdn entlassen

– L'Europe, je la connais, expliqua-t-il. J'ai déjà fait une première traversée. Mais j'ai été arrêté, puis expulsé dans mon pays. Ce qui m'a manqué pour réussir, c'est l'argent. Plus j'en aurai, moins le rafiot sur lequel je franchirai la Méditerranée
5 sera pourri, et plus il m'en restera pour réussir une fois là-bas.

– Et tout ça sur mon dos, réagit Sam.

– Tu t'imaginais quoi ? Que les groupes de migrants forment une communauté soudée ?

– Je n'ai pas dit ça, protesta Sam d'un geste de la main.

10 – Tu es seul. Mets-toi bien ça dans la tête. Et de l'autre côté de la Méditerranée, ce sera pire. Si tu parviens à sortir du centre de rétention dans lequel ils t'enfermeront à ton arrivée, tu vivras comme une bête traquée. À tout moment, ils pourront t'arrêter, t'expulser et...

15 – Tu cherches à me décourager ? le coupa Sam.

– À toi de voir. Je t'aurai prévenu.

– Pourtant, tu recommences...

– Tu crois que je peux rentrer chez moi et raconter que j'ai échoué ? Tu as vu ça où, toi ?

20 Tête baissée, Sam fixait ses pieds, visiblement blessé.

– Si tu veux avoir une chance de t'en sortir, pense égoïste et agis égoïste, conclut Kenjo pour se dédouaner.

Le silence retomba entre eux. Kenjo expira longuement pour chasser une tension soudaine. En évoquant son échec, Sam
25 avait touché en lui le point sensible. Mais rien ne l'arrêterait. Kenjo était décidé à retourner en Europe, coûte que coûte.

*

2 **expulser qn** jdn abschieben – 4 **un rafiot** *fam* un bateau – 5 **pourri** *ici :* kaputt –
6 **sur le dos de qn** *ici : expr fig* auf jds Kosten – 8 **soudé** *ici :* der/die zusammenhält –
13 **traqué** gehetzt – 19 **échouer** ≠ réussir – 22 **se dédouaner** *ici :* se justifier – 23 **expirer** ausatmen – 24 **chasser** faire partir – 26 **coûte que coûte** *expr* koste es, was es wolle

Le camion qui transportait les travailleurs les déposa sur le chantier de construction d'un hôtel, en bord de mer, à quelques dizaines de kilomètres de leur prison.

Dès leur arrivée, un contremaître constitua des groupes et 5 leur donna des consignes précises avec des gestes vifs.

En quelques heures, Sam et Kenjo devinrent maçons et se retrouvèrent à monter des cloisons de briques.

Du huitième étage où ils étaient affectés, ils apercevaient le port, d'où entraient et sortaient des navires gigantesques, 10 en provenance ou en partance pour le reste du monde. Instantanément, Kenjo se prit à rêver d'embarquer sur l'un d'eux. Pour un peu, il aurait ressenti dans ses jambes les vibrations de leurs moteurs impatients de partir conquérir la terre entière.

15 Ils dormaient sur place, ne rentrant qu'une fois par semaine au camp de rétention. Là, ils attendaient de pouvoir retourner sur le chantier, où l'air du large apportait les parfums de la liberté.

Depuis leur conversation le premier jour à l'arrière du 20 camion, Sam n'adressait plus la parole à Kenjo. Cela n'affectait pas ce dernier. Il comprenait sa colère et était persuadé que Sam aurait agi comme lui si leurs situations avaient été inversées.

*

Malgré le supplément que lui cédait Sam, le salaire que 25 percevait Kenjo était misérable.

Une partie des sommes qu'il avait reçues servait à graisser la patte aux gardiens. Le reste, il le conservait sur lui et, dès qu'il le pouvait, changeait ses pièces en billets en prévision de

---

4 **un contremaître** *ici :* Polier – 5 **une consigne** Anweisung – 6 **un maçon** Maurer –
7 **une cloison** un mur – 7 **une brique** Ziegelstein – 8 **affecter** *ici :* zuordnen – 9 **un port**
Hafen – 13 **impatient** ungeduldig – 13 **conquérir** erobern – 20 **affecter qn** *ici :* toucher
qn – 21 **persuadé** convaincu, sûr – 23 **inverser** *ici :* umkehren – 24 **céder** *ici :* donner –
26 **graisser la patte à qn** *expr fam* jdn schmieren

son départ. Au bout d'un mois, il disposait de deux billets de cinquante euros.

Deux billets, sur lesquels étaient dessinés d'un côté la carte de l'Europe et un pont immense, de l'autre des fenêtres. En
5 les détaillant, Kenjo ne ressentait ni joie ni satisfaction, rien qu'une soif de liberté.

Après avoir roulé ses billets dans un bout de sac plastique, il chauffa les extrémités pour rendre l'emballage hermétique, puis les glissa dans sa ceinture pour toujours les conserver sur
10 lui, au cas où.

S'il avait tiré un enseignement de sa première traversée, c'était celui-ci : il devait se tenir prêt à toute éventualité.

*

Sur le chantier, certains hommes protestaient contre les conditions inhumaines de travail. Ceux qui revendiquaient
15 trop fort recevaient des coups et étaient ramenés au camp, d'où ils n'étaient pas près de ressortir.

Kenjo, imité par Sam, avait fait le choix de se taire, d'obéir et de trimer sans jamais rechigner. Son ambition était de devenir transparent.
20 Dès que son moral flanchait, il posait son regard sur l'horizon, au-delà duquel l'Europe l'attendait. Rien que pour cette chance infime d'y retourner un jour, il devait tenir. Aussitôt, sa vie lui paraissait moins amère.

Il se promit, une fois là-bas, de traverser le pont qui figurait
25 sur le billet de cinquante euros.

*

---

5 **détailler qc** *ici :* regarder qc en détail – 8 **une extrémité** Ende – 8 **un emballage** Verpackung – 11 **un enseignement** *ici :* une leçon (Lehre) – 14 **revendiquer** Ansprüche stellen – 18 **trimer** *fam* travailler – 18 **rechigner** sich sträuben – 18 **l'ambition** *f ici :* le souhait le plus fort – 19 **transparent** durchsichtig – 20 **flancher** schwachwerden, nicht mehr mitmachen – 22 **infime** très petit – 22 **tenir** *ici :* durchhalten – 23 **amer** bitter

Durant les jours suivants, un vent brûlant en provenance du sud souffla en rafales, faisant grimper la température au-delà des trente-huit degrés. Les gardiens ne sortaient plus de leur cahute, où ils profitaient de la relative fraîcheur apportée par un climatiseur dont le ronronnement narguait les prisonniers.

Une chape recouvrait le camp, qui vivait au ralenti. Personne ne vint chercher les réfugiés pour les emmener au chantier. Allait-on les laisser mourir de chaleur et de soif ?

Inquiet, Kenjo ne quittait plus le coin où il s'était terré. Pour se protéger la tête, il avait ôté sa chemise qu'il avait transformée en chèche. Les yeux et la bouche fermés, il contrôlait sa respiration pour s'économiser au maximum.

L'après-midi du troisième jour, une clameur commença à monter, somme de la colère et de la lassitude des réfugiés. Tous ou presque se mirent à frapper à la même cadence sur les grilles et les toits de tôle ondulée. Ils avaient soif, faim, et ne supportaient plus la chaleur. Çà et là, des bagarres éclataient.

Malgré les morsures du soleil, Sam et les autres réfugiés suppliaient et invectivaient les gardiens. Sans succès.

De son coin, Kenjo l'observait.

Peu avant la tombée de la nuit, une dizaine de camions chargés de soldats pénétrèrent dans le camp. Très vite, les hommes de troupe se déployèrent derrière les grilles en attendant les ordres. Aussitôt, la tension monta d'un cran et les insultes redoublèrent.

Kenjo n'avait pas besoin de croiser le regard d'un soldat pour y déceler ses intentions. La répression serait implacable.

Avant qu'il soit trop tard, il bondit en direction de Sam, le ceintura pour l'entraîner vers l'arrière.

---

2 **une rafale** Bö – 2 **au-delà de qc** jenseits etw – 4 **une cahute** Hütte – 5 **un ronronnement** *ici :* Surren – 5 **narguer qn** provoquer qn – 6 **une chape** *ici :* une « couverture » de chaleur – 6 **au ralenti** im Zeitlupentempo – 10 **ôter** enlever – 11 **un chèche** p. 52 – 12 **s'économiser** sich schonen – 13 **une clameur** un grand cri – 15 **une cadence** un rythme – 19 **supplier qn** jdn anflehen – 19 **invectiver qn** insulter qn – 23 **se déployer** *ici :* ausschwärmen – 24 **monter d'un cran** augmenter – 25 **redoubler** *ici :* être deux fois plus nombreux – 27 **déceler** apercevoir – 27 **implacable** cruel, inhumain – 28 **bondir** sauter – 29 **ceinturer qn** jdn umklammern

– Lâche-moi, protesta l'adolescent.

– Ton petit jeu va te valoir de gros ennuis.

– Je ne joue pas. Je veux simplement qu'on nous respecte un peu plus.

5 – Tu n'as donc pas compris qu'ils n'en ont rien à faire de nous et qu'ils ne céderont jamais ? La contestation, ils vont la mater au moyen de bâtons, de bouts de tuyaux d'arrosage ou de câbles électriques. Tu veux que je te parle de la falaqa ?

Kenjo se tourna pour exhiber la plante de ses pieds, puis 10 planta son regard dans celui de Sam et le fixa longuement.

– En tant qu'étrangers, nous n'avons aucun droit. N'oublie jamais ça.

Un coup de sifflet retentit, et tout s'enchaîna très vite.

Kenjo tira violemment Sam par le bras pour le mettre à 15 l'abri.

Dans chaque baraquement, les militaires embarquèrent cinq ou six hommes, parmi les plus revendicatifs, puis les traînèrent jusqu'à un grand bâtiment à l'écart. Un bâtiment sinistre dans lequel se déroulèrent des interrogatoires.

20 Toute la nuit, ils entendirent les cris et les râles de leurs frères brutalisés.

Pris de nausées, Sam pressait de ses mains ses oreilles pour ne plus entendre. Des larmes coulaient sur ses joues, creusant des sillons dans la crasse et la poussière.

25 Kenjo regagna son coin. Sam ne l'avait pas remercié, mais pouvait-il lui en vouloir ?

---

2 **un ennui** *ici :* un problème – 6 **céder** capituler – 6 **une contestation** *ici :* une rébellion – 7 **mater (une révolte)** in den Griff bekommen – 7 **un bâton** Stock – 7 **un tuyau d'arrosage** *m* Wasserschlauch – 8 **la falaqa** *arab* coups donnés sur la plante des pieds (Schläge, die auf der Fußsohle verabreicht werden) – 9 **exhiber** montrer – 13 **un coup de sifflet** Pfiff – 13 **s'enchaîner** *pour des événements :* aufeinander folgen – 17 **revendicatif** qui proteste beaucoup – 18 **sinistre** qui fait très peur – 20 **un râle** Röcheln – 22 **une nausée** Übelkeit – 23 **creuser des sillons** *mpl ici : fig* feuchte Spuren hinterlassen – 24 **la crasse** Dreck

LA TERRE DE NOS ANCÊTRES

Sam rêvait de soleil. Il sentait presque la chaleur de ses rayons sur sa peau. Il voulait le revoir, garder son éclat sur sa rétine au moment où ses yeux se fermeraient pour toujours.
5 Mais la nuit résistait, comme si elle avait décidé de garder pour elle seule ses naufragés.

Sur l'épave, on débattait. Il y avait les partisans de l'attente, convaincus qu'il fallait économiser leurs forces, et ceux qui refusaient de demeurer sans rien tenter.

10 – Le soleil nous brûlera dès qu'il montera dans le ciel, avertit l'un.

Un autre proposa que tout le monde se jette à l'eau pour remettre le bateau à flot. Mais l'inspection de la coque ruina les espoirs des plus optimistes.

15 – Nous pourrions fixer le moteur sur la coque retournée, suggéra un troisième.

– Il est trop lourd, celui qui le décrochera sera aussitôt entraîné par le fond.

– Il faut construire une voile...

20 Mais ils n'avaient rien. Juste une couverture épaisse gorgée d'eau.

Tous ces débats parvenaient à Sam en un écho lointain. Bientôt, il n'y prêta plus attention, se laissant bercer par la houle légère, n'écoutant plus que le clapotis des vagues contre
25 le bois de l'épave.

Le courant les emportait dans une direction que seules les étoiles connaissaient. Sam n'avait d'autre choix que de s'abandonner à elles.

Plus tard, les discussions autour de lui cessèrent. Tous
30 s'étaient résignés à attendre.

Attendre quoi ? se dit Sam. Personne n'osait formuler de réponse à cette question.

.

---

3 **un éclat** *ici :* heller Schein – 4 **la rétine** Netzhaut – 9 **demeurer** rester – 10 **brûler** brennen – 19 **une voile** *ici :* Segel – 23 **bercer** wiegen – 24 **le clapotis** p. 26

Une femme entonna un chant ; une longue complainte qui tira les larmes à certains.

Sa voisine lui demanda d'arrêter, proposa de prier, sans grand succès.

5 Une troisième fit passer une casquette et exhorta chacun à y placer ses gris-gris.

– Ensemble, ils seront plus forts, expliqua-t-elle.

Tous déposèrent leur porte-bonheur censé les protéger lors de la traversée. Pour l'un un collier, pour d'autres un bracelet, 10 une bague ou un bout de papier conservé dans un savant pliage. Un homme versa un petit sac contenant de la terre de son pays.

– Je peux ? demanda Nafi en détachant la chaîne que lui avait offerte Sam un peu plus tôt.

15 Rassemblant ses forces, il ouvrit les paupières, leva les yeux sur elle et grimaça un sourire pour lui signifier son accord.

Il repensa soudain à Sekou, le revit quand il lui avait tendu le bijou.

Convaincu de son pouvoir bénéfique, il regarda la médaille 20 dorée disparaître dans la casquette.

On a l'espoir d'un meilleur avenir.

Et on fuit la guerre et quitte un endroit dangereux être sauvé.

Mais il y a aussi des problèmes, par example le froid et la famine, ils deviennent faible.

Parce que les pays pauvres ont peu d'argent pour les médicaments il y a beaucoup de maladies.

Beaucoup de passagers sont seul et triste, parce qu'ils quittent ses famille

1 **une complainte** Klagelied – 6 **un gri-gri** *afr* un objet qui porte chance – 8 **censé faire qc** qui doit / devrait faire qc – 9 **un collier** p. 67 – 10 **une bague** Ring – 10 **savant** *ici :* compliqué – 11 **un pliage** Falten – 11 **verser** gießen

Aussi, tu peux se noyer en raison d'une tempête.

SEKOU

Sekou était vexé qu'on l'ait placé avec les femmes et les enfants. Du haut de ses huit ans, il se sentait un homme à part entière et ne comprenait pas pourquoi il n'était pas détenu de l'autre côté du campement.

Il était arrivé là un mois plus tôt avec sa tante, qui l'avait recueilli à la mort de ses parents. Ils avaient été tués par les milices du Nord qui luttaient pour prendre le contrôle du pays.

Alors qu'ils venaient tout juste d'être mis en terre, sa tante lui avait expliqué que leur seul espoir de survie était la fuite. Alors ils avaient fui, abandonnant derrière eux la maison familiale, les poules et les récoltes.

Ils n'avaient pris que ce que leurs bras avaient pu porter, c'est-à-dire pas grand-chose.

Ils s'étaient enfoncés dans la forêt, loin des chemins dangereux sur lesquels circulaient, dans des 4x4 rutilants, les rebelles armés de Kalachnikov et de machettes.

Lors de cette interminable errance dans la forêt, ils avaient vécu cachés, se méfiant de tous. Sekou avait développé une grande capacité à se faufiler et à se dissimuler, qu'il avait mise en application sitôt arrivé dans ce camp.

Sa silhouette longiligne – sa tante affirmait qu'il était maigre comme un clou affamé – lui permettait, après quelques contorsions, de se glisser entre les barreaux de la grille et de circuler dans l'ensemble du camp.

Il était devenu le messager dont tous les réfugiés s'arrachaient les services.

– Sekou, peux-tu porter ce mot à mon frère ?

---

2 **vexé** beleidigt – 4 **être détenu** être gardé prisonnier – 9 **mettre en terre** begraben – 12 **une poule** Henne – 12 **une récolte** Ernte – 16 **rutilant** glänzend – 18 **l'errance** *f* p. 65 – 19 **se méfier de qn** ≠ faire confiance à qn – 20 **se faufiler** sich hereinschleichen, sich schlängeln – 20 **se dissimuler** se cacher – 20 **mettre en application** mettre en pratique – 22 **longiligne** → long – 22 **maigre comme un clou** *fam* spindeldürr (**un clou** Nagel) – 24 **une contorsion** Verrenkung – 24 **un barreau** Stab – 26 **un messager** qn qui porte un message

– Sekou, va voir si mon fils ne manque de rien.

– Sekou, dis-moi si mon mari se comporte comme il faut.

Le jeune garçon passait de baraquement en baraquement, franchissant sans trop de peine les grilles pour répondre aux
5 demandes qui affluaient de toutes parts.

– À notre arrivée en Europe, il deviendra facteur, se vantait sa tante pour qui une place de fonctionnaire était l'assurance de vivre enfin en sécurité.

*

Sa mission du jour lui fut confiée par une jeune fille du nom
10 de Thiane. Peu bavarde, elle était solitaire et se tenait à l'écart. Une lueur triste noyait ses yeux noirs.

– Je voudrais que tu retrouves quelqu'un, lui indiqua-t-elle.

– Il s'appelle comment ? l'interrogea Sekou en bombant le torse.

15 – Sam. Il est facile à reconnaître, tu verras. Il a une demi-tête de phacochère tatouée sur l'avant-bras.

Cette particularité étonna Sekou, mais il ne fit aucune remarque. Il n'était pas très sûr de reconnaître une tête entière de phacochère. Alors une demi...

20 Dans son pays, il n'y avait pas de phacochères.

– Que dois-je lui dire ? s'enquit-il en cachant mal sa curiosité.

De longues secondes, il patienta et regarda Thiane hésiter avant qu'elle ne lâche :

25 – Que je vais bien.

– Et puis ? s'étonna Sekou.

Pour toute réponse, la jeune fille fixa le lointain.

Sekou partit donc à la recherche de Sam. Avec un tatouage pareil, il serait facile à repérer. Ce fut effectivement le cas.

---

4 **la peine** *ici :* la difficulté – 5 **affluer** venir en grand nombre – 6 **un facteur** Briefträger – 6 **se vanter** prahlen – 7 **un fonctionnaire** Beamter – 10 **bavard** qui parle beaucoup – 22 **la curiosité** → curieux

Il ne posa que quelques questions avant qu'on l'oriente vers le baraquement le plus éloigné de l'entrée du camp, avec l'assurance de l'y trouver.

Évitant les rondes des gardiens, Sekou s'y faufila aisément et,
5 très vite, l'aperçut.

Avec sa taille immense et ses larges épaules, il ressemblait à un guerrier.

Son avant-bras était tatoué d'une demi-tête d'animal.

– Sam ? l'interpella-t-il.
10 Le jeune homme pivota et le dévisagea avec méfiance.

– Comment es-tu arrivé jusqu'ici ? lâcha-t-il, incrédule.

– Facile, lança Sekou avec un air de défi.

Joignant le geste à la parole, il s'approcha de la grille et, après plusieurs contorsions, se faufila entre les barreaux et se
15 retrouva de l'autre côté.

– Reviens ici, lui commanda Sam en jetant un regard inquiet autour d'eux. Tu risques de te faire repérer.

Sekou s'exécuta sans rechigner. Il savait qu'il venait de gagner la confiance du guerrier.
20 – Je m'appelle bien Sam, lui confirma ce dernier.

– Tant mieux. C'est quoi ce tatouage ? Tu n'as pas eu le temps de le finir ?

– Qui t'envoie ? le pressa le guerrier en ignorant ses questions.
25 – Thiane. Elle souhaite te dire qu'elle va bien.

Le géant ne put masquer son étonnement. Était-ce d'avoir des nouvelles de Thiane ? Ou bien que le message se résume à si peu de mots ?

– Parle-moi d'elle, le relança-t-il en l'entraînant à l'écart.
30 Sekou haussa les épaules et lâcha simplement :

– Elle est gentille.

– Comment t'appelles-tu ?

---

4 **aisément** facilement – 10 **dévisager qn** jdn mustern – 12 **un défi** *ici :* un challenge –
17 **se faire repérer** attirer l'attention – 18 **s'exécuter** faire ce qu'on nous dit de faire –
18 **rechigner** sich sträuben – 26 **l'étonnement** *m* la surprise – 30 °**hausser les épaules**
fpl mit den Schultern zucken

– Sekou.

– Enchanté, lui dit Sam en lui tendant la main. Je suis très heureux de faire ta connaissance. Est-ce que tu peux répondre à Thiane que je vais bien, moi aussi, et que je pense à elle tout
5 le temps ?

Sekou eut un sourire amusé.

– Tu l'as déjà embrassée sur la bouche ? osa-t-il.

Sam éclata de rire.

Surpris, Sekou se figea.

10 – Tu te moques de moi ? s'offusqua-t-il.

– Non, le rassura le guerrier. Bien sûr que non. Je suis tellement heureux d'avoir enfin des nouvelles de Thiane.

Le visage du petit messager s'illumina de nouveau.

– Tu es amoureux ? le questionna alors Sekou.

15 Sam cligna des yeux, stupéfait par l'aplomb du garçon.

– C'est bien possible, finit-il par avouer, mais surtout, ne lui dis rien.

– Promis, rétorqua Sekou. Tu sais nager ?

– Oui, pourquoi me demandes-tu ça ?

20 – Moi je ne sais pas. Et je n'ai jamais vu la mer.

Sekou savait qu'un jour il embarquerait pour l'Europe et traverserait cette mer qu'il avait du mal à imaginer.

– La mer est une immense étendue liquide, le plus souvent bleue mais parfois verte ou grise, qui s'étend jusqu'à l'horizon,
25 dont elle peut prendre possession.

– Possession ? s'étonna Sekou.

– Oui, poursuivit Sam en s'asseyant par terre en tailleur. Son bleu, par moments, n'a rien à envier à celui du ciel, si bien que les deux se confondent et ne forment plus qu'un.

30 – Et comment sais-tu tout ça ? réagit Sekou, incrédule.

– Mon père est pêcheur et possède un bateau. Parfois, je partais avec lui en mer. D'autres fois, je voguais seul.

---

10 **s'offusquer** être furieux – 13 **s'illuminer** *ici :* strahlen – 15 **cligner des yeux** *mpl* blinzeln – 15 **stupéfait** surpris – 15 **l'aplomb** *m ici :* Unverfrorenheit – 23 **une étendue** Fläche – 27 **en tailleur** im Schneidersitz – 28 **n'avoir rien à envier à qc/qn** einer Sache / jdm in nichts nachstehen – 29 **se confondre** *ici :* ineinander übergehen – 32 **voguer** faire du bateau

– Pourquoi n'es-tu pas allé jusqu'en Europe avec ton bateau ?

Sam éclata de rire.

– Cette fois-ci, tu te moques de moi, se rembrunit Sekou.

5 – Non, pas du tout. C'est simplement que la mer de mon pays n'a rien à voir avec celle qu'il faut traverser pour atteindre l'Europe. Et le bateau de mon père est une simple barque qui ne résisterait pas aux grosses vagues.

Sekou posa mille questions sur les techniques de pêche, 10 sur les poissons qui peuplaient la mer. Des images parfois merveilleuses, parfois terrifiantes prenaient vie dans son cerveau. Devait-il redouter la traversée ? Ou bien s'enthousiasmer à l'idée de vivre une expérience inoubliable ? Il était partagé.

15 – File maintenant avant que les gardiens te voient traîner ici, lui ordonna Sam. Fais attention à toi, et reviens vite avec d'autres nouvelles.

*

Dès qu'il le pouvait, Sekou retournait dans cette partie du camp écouter les récits extraordinaires de Sam. Il aurait tant 20 aimé avoir un grand frère aussi fort et aventurier que lui.

Avant de livrer ses histoires, Sam le pressait toujours de questions sur Thiane. Aussi, quand il n'avait pas de réponses, Sekou en inventait.

Quel mal y avait-il à ça, puisque ses paroles rendaient Sam 25 heureux ?

Le guerrier lui parlait ensuite de la mer, de la manière dont le vent venu du large poussait les vagues. Il décrivait comment le sommet de celles-ci s'habillait de blanc avant qu'elles ne s'écrasent sur la plage dans un grand fracas.

---

4 **se rembrunir** être moins joyeux – 7 **une barque** Boot, Kahn – 12 **redouter qc** avoir peur de qc – 13 **s'enthousiasmer** être joyeux – 15 **filer** *fam* partir – 19 **un récit** une histoire – 28 **un sommet** *ici :* Kamm – 29 **s'écraser** *ici :* sich brechen – 29 **un fracas** un grand bruit

Sekou était impatient de découvrir la mer.

– Et toi, d'où viens-tu ? lui demanda Sam.

Instantanément, le garçon se raidit. Les phrases que sa tante lui avait tant de fois fait répéter se mirent en ordre dans sa bouche.

– Je ne m'en souviens pas. J'ai tout oublié, récita-t-il.

– Je ne te crois pas, insista Sam.

Un long moment, Sekou hésita, puis comprit que Sam était désormais son ami.

– Je n'ai pas le droit de le dire, expliqua-t-il, sinon on va me renvoyer là-bas et je ne veux pas parce qu'il y a la guerre. Alors que si je me tais, ils seront obligés de me garder ici.

– Tu as raison, approuva Sam. Tu dois rester très prudent.

Sekou ramassa une poignée de poussière qu'il fit couler par l'extrémité de son poing serré. Un souffle d'air la dispersa en un nuage ocre, qu'il regarda s'éloigner.

Était-il condamné à devoir toujours mentir ?

Cette perspective l'effrayait.

3 **se raidir** sich verkrampfen – 15 **un poing serré** geballter Faust – 15 **disperser** *ici :* verstreuen – 18 **effrayer qn** faire peur à qn

87

LE DÉPART

Sam prit goût aux visites de Sekou. Elles étaient comme des bulles multicolores dans cet environnement crasseux. Le jeune garçon lui rappelait sa sœur et les jumeaux, qui lui manquaient tant.

Chaque fin de semaine, dès que le camion le ramenait du chantier, Sam s'installait un peu à l'écart, puis guettait la venue de Sekou.

À plusieurs reprises, Kenjo avait cherché à savoir qui était ce jeune inconnu qui discutait avec lui.

– C'est un cousin, avait répondu Sam pour faire cesser les questions et le tenir à distance.

Bien que Kenjo lui ait permis de travailler et l'ait aidé à échapper à un interrogatoire, Sam demeurait sur ses gardes. Il ne souhaitait pas que Kenjo mette la main sur Sekou et profite de l'enfant comme il l'avait fait avec lui.

Kenjo n'était pas méchant, mais son intérêt primait, chassant tout esprit de loyauté ; et cela le rendait dangereux.

*

Un soir, alors qu'il était épuisé et qu'il doutait de pouvoir un jour sortir de ce camp, Sam vit débouler Sekou, essoufflé.

– Tu vas partir, s'empressa de lui annoncer l'enfant dans un large sourire.

Sous l'effet de la surprise, les yeux de Sam papillonnèrent. Une grande confusion s'empara de lui. Pour vérifier qu'aucune oreille indiscrète ne traînait, il jeta un regard circulaire mais les réfugiés vaquaient à leurs occupations, sans leur prêter attention.

---

2 **prendre goût à qc** bien aimer qc – 3 **une bulle** Blase – 3 **crasseux** → la crasse p. 79 – 14 **demeurer sur ses gardes** *fpl* faire attention, rester prudent – 17 **primer** avoir la priorité – 17 **chasser** faire partir – 18 **la loyauté** Loyalität – 19 **épuisé** p. 40 – 19 **douter de qc** p. 64 – 20 **débouler** *fam* arriver en courant – 23 **papillonner** *ici :* vor Aufregung glänzen – 24 **s'emparer de qn** *ici :* jdn ergreifen

– Partir ? Qu'est-ce que tu racontes ? demanda-t-il à Sekou.

Son cœur battait à tout rompre.

– Un bateau va bientôt quitter la Libye, expliqua Sekou en tentant de reprendre son souffle. J'ai entendu les gardiens en
5 parler.

Sous l'effet de l'excitation, les yeux du gamin s'étaient arrondis.

– En quoi suis-je concerné ?

– Ils n'ont pas de capitaine. Aucun des migrants ne connaît
10 la mer. Alors je leur ai parlé de toi ! annonça fièrement Sekou.

– Mais... je ne suis pas un marin, et puis je n'ai pas encore réuni l'argent nécessaire pour payer la traversée.

Sekou sourit.

– Pour le commandant, c'est toujours gratuit. Tu ne sais pas
15 ça ?

Sam n'en croyait pas ses oreilles.

– Ils vont te donner une boussole, poursuivit Sekou, et t'expliquer la direction à suivre. C'est toi qui seras le barreur du bateau.

20 Sam était sidéré. Des images folles se déversaient en continu dans son esprit, qui gonflaient son cœur d'espoir. Il se revit planifiant son départ avec son phaco-frère, repensa à toutes les nuits au cours desquelles il avait caressé son rêve fou de commencer une nouvelle vie.

25 Il se souvint de la misère. De l'absence d'avenir. D'avoir tant piaffé d'impatience. Une fraction de seconde, il s'imagina même rentrant au pays après avoir réussi en Europe.

Puis il revint dans le camp, près de son baraquement.

– Je ne peux pas partir sans Thiane, dit-il enfin.

30 Sekou afficha une moue de déception et, dans l'instant, se faufila sans un mot entre les barreaux avant de s'éloigner.

---

2 **battre à tout rompre** battre très fort – 6 **un gamin** *fam* un enfant – 7 **s'arrondir**
→ rond – 11 **un marin** Seemann – 17 **une boussole** Kompass – 18 **un barreur** *naut*
Steuermann – 20 **sidéré** verblüfft – 20 **se déverser** *ici :* strömen – 21 **gonfler qc/qn**
d'espoir *m* etw/jdn mit Hoffnung erfüllen – 23 **caresser un rêve** mit einem Traum
liebäugeln – 25 **la misère** Elend – 26 **piaffer** *ici :* s'agiter – 30 **la déception** → déçu p. 48

Sam demeura de longues minutes sans bouger.

– Partir, murmura-t-il pour lui seul.

Ses mains tremblaient tant cette nouvelle le cueillait à l'improviste. Depuis des mois qu'il attendait ce moment... et il arrivait sans prévenir, comme un cadeau tombé du ciel.

Sekou avait-il bien compris la conversation ? Les gardiens ne s'étaient-ils pas moqués de lui ?

Puis il repensa au départ précipité et silencieux du garçon.

– Cela n'a aucun sens, marmonna-t-il.

Sam avait beau s'en défendre et tenter de garder raison, l'horizon s'éclaircissait soudain devant lui. L'air lui paraissait moins pesant, les odeurs moins pestilentielles, et la fatigue quittait son corps.

Devait-il laisser sa place à Thiane, ou attendre une nouvelle opportunité qui leur permettrait de fuir ensemble ?

Même s'il ne partait pas cette fois-ci, cette nouvelle sonnait comme les prémices d'une annonce à venir. Car bientôt, Sam en était certain, il effectuerait cette traversée vers l'Europe avec Thiane.

Il goûta donc cet instant où l'avenir redevenait possible et prenait un sens.

En temps normal, Sam était l'un des premiers à regagner son baraquement afin de s'assurer une place qui lui permettrait de s'allonger complètement et de profiter au maximum de son temps de repos. Mais ce soir-là, il préféra rester dehors. Son corps et son cerveau s'étaient dissociés. Si le premier était prisonnier d'un enclos grillagé, le second avait largué les amarres et voguait vers des terres plus hospitalières. Sam ne chercha pas à mettre de mots sur ses divagations, préférant se laisser bercer par la douceur de ses rêveries.

---

3 **cueillir qn à l'improvis**te prendre qn par surprise – 8 **précipité** überstürzt – 10 **avoir beau faire qc** même si on fait qc – 10 **se défendre** *ici :* essayer de se protéger – 10 **garder raison** garder la tête froide (**la raison** Vernunft) – 11 **s'éclaircir** devenir plus clair – 12 **pesant** bedrückend – 12 **pestilentiel** p. 71 – 17 **les prémices** *fpl* les débuts – 20 **goûter** *ici :* apprécier – 26 **le cerveau** Gehirn – 26 **se dissocier** se séparer – 27 **un enclos grillagé** p. 62 – 27 **larguer les amarres** *fpl naut* p. 21 – 28 **hospitalier** accueillant, où on est le/la bienvenu(e) – 29 **une divagation** *ici :* Fantasie

La nuit avait depuis longtemps pris possession du campement quand Sekou refit son apparition.

– Thiane m'a donné ça pour toi, annonça-t-il en tendant son poing serré.

5 Quand il déplia ses doigts, Sam reconnut, brillant dans le creux de sa main, la chaîne et la médaille que Thiane portait toujours autour de son cou.

Incrédule, il interrogea le garçon du regard.

– Elle a dit que c'était pour toi et que tu devais partir, que la
10 médaille te protégerait durant la traversée.

Pris par l'émotion, Sam la saisit et ne la quitta pas des yeux.

– Ma tante et moi, un jour, on prendra un bateau, et on se retrouvera tous, commenta Sekou dans un large sourire.

*

Plus tard dans la nuit, un militaire vint réveiller Sam qui avait
15 regagné son baraquement.

– Suis-moi, lui ordonna-t-il d'une voix ferme.

Quelques secondes lui furent nécessaires pour recouvrer ses esprits. Autour d'eux, ses compagnons semblaient soulagés de ne pas être concernés par cet ordre.

20 – Que se passe-t-il ? demanda Kenjo, toujours à l'affût.

Alors qu'il le rejoignait, Sam ignora la question et évita de croiser son regard. Mais Kenjo avait compris.

– Tu ne peux pas me laisser, après tout ce que j'ai fait pour toi ! asséna-t-il en lui agrippant le bras.

25 D'un mouvement vif de l'épaule, Sam se dégagea de son emprise et se leva pour emboîter le pas au militaire. Sur sa nuque, il sentait le picotement des regards incrédules.

– Sam, tu es un traître, lança Kenjo, amer.

---

17 **recouvrer ses esprits** *mpl ici :* se réveiller et comprendre ce qui se passe –
18 **soulagé** erleichtert – 20 **à l'affût** *m* auf der Lauer – 26 **une emprise** *ici :* Griff –
26 **emboîter le pas à qn** suivre qn – 27 **la nuque** Nacken – 27 **un picotement** p. 68 –
28 **un traître** Verräter – 28 **amer** verbittert

Saisi, il se retourna et fixa dans les yeux celui qui l'avait protégé pour mieux l'exploiter. Un mélange de rancœur et de supplication désespérée habitait le regard de Kenjo.

– « Si tu veux avoir une chance de t'en sortir, pense égoïste et
5 agis égoïste. » C'est toi-même qui me l'as appris.

D'un geste écœuré de la main, Kenjo lui fit signe de s'en aller.

– Tu pars, lui annonça le militaire une fois au-dehors. Deux hommes vont t'emmener sur le port. Ils ont besoin d'un
10 barreur. File-moi dix euros.

Pour signifier qu'il ne possédait rien, Sam leva les mains. Derrière la grille, Kenjo observait la scène avec un air dégoûté.

– Dix euros, insista le militaire, une main sur la crosse de son revolver.

15 Sam, tétanisé, n'osa pas demander à récupérer son maigre baluchon. Tout pouvait si vite dégénérer. En une fraction de seconde, le gardien pouvait anéantir son rêve.

Par chance, les deux passeurs arrivèrent et le tirèrent à l'écart.

20 – C'est toi le marin ? demanda l'un.

Sam hésita une seconde. Son cœur était prêt à exploser. Ses tempes battaient avec fureur.

– Oui, finit-il par lâcher timidement.

Sans perdre une seconde, ils le poussèrent vers l'avant.

25 Alors qu'ils approchaient de la sortie du camp, Sam chercha Thiane et Sekou du regard, sans succès. Il ne put que leur adresser un au revoir silencieux.

*

1 **saisi** *ici :* troublé – 2 **exploiter qn** jdn ausbeuten – 2 **la rancœur** le ressentiment –
3 **une supplication** Flehen – 6 **écœuré** *ici :* empört – 10 **filer** *fam ici :* donner –
12 **dégouté** *ici :* empört – 15 **tétanisé** rendu immobile par la peur – 16 **un baluchon**
Bündel – 17 **anéantir** détruire, faire disparaître – 18 **un passeur** p. 39 – 22 **la tempe**
Schläfe

Après avoir passé une vingtaine de minutes couché sur le sol à l'arrière d'une voiture, Sam fut débarqué en bord de mer.

Il n'était pas angoissé, mais tendu.

Plus que l'air frais venu du large, la frénésie contenue qui 5 régnait là le saisit aussitôt. La nervosité de tous était palpable.

Des hommes, des femmes et des enfants se pressaient sur la plage.

Un peu en amont, des hommes faisaient le guet. À tout moment, Sam s'attendait à voir surgir les militaires pour les 10 arrêter. Ne leur avait-on pas tendu un piège ?

Sam fut conduit au bord de l'eau vers un bateau en bois long d'une vingtaine de mètres. Au premier coup d'œil, il comprit que le rafiot n'avait plus d'âge. Il posa une main sur la coque. Sous sa paume, la peinture écaillée saillait. Certaines planches 15 étaient disjointes avec, par endroits, des interstices qui auraient pu laisser passer son petit doigt.

Une ligne blanche courait de la proue à la poupe, donnant à l'embarcation un profil faussement dynamique. Son nom avait été barbouillé de noir.

20 Était-il raisonnable de s'embarquer sur un tel bateau ?

Avant qu'il ait eu le temps d'y réfléchir, on lui confia une lampe torche, un téléphone cellulaire et une boussole.

Un homme lui asséna une série de consignes dans un anglais approximatif.

25 – Tu gardes le cap au nord. Le numéro des garde-côtes italiens est enregistré sur le téléphone. Tu attends après-demain pour les appeler, c'est bien compris ?

Sam hocha la tête.

---

3 **angoissé** qui a peur – 3 **tendu** → la tension – 4 **la frénésie** ici : l'excitation – 4 **contenu** unterdrückt – 5 **palpable** qu'on peut (res)sentir – 8 **en amont** ici : plus haut – 8 **faire le guet** aufpassen – 10 **tendre un piège** eine Falle aufstellen – 11 **conduire** ici : führen – 13 **un rafiot** naut fam un bateau – 14 **la peinture** Farbe – 14 **écaillé** ici : abgeblättert – 14 **saillir** ici : rau sein – 14 **une planche** Brett – 15 **disjoint** ici : lose – 15 **un interstice** Spalt – 17 **la proue** naut Bug – 17 **la poupe** naut Heck – 19 **barbouiller** beschmieren – 20 **raisonnable** vernünftig – 23 **une consigne** p. 76 – 25 **le cap** naut p. 9

– Sinon, ils enverront les autorités libyennes vous cueillir et elles vous ramèneront ici, poursuivit le passeur, fébrile.

On lui apprit en quelques gestes à manier le moteur, et on lui montra l'emplacement des bidons de carburant qui leur
5 permettraient de sortir des eaux territoriales libyennes et de gagner les côtes italiennes.

Dans son dos, les passeurs exigeaient des candidats au voyage qu'ils leur remettent leurs montres, leurs téléphones portables ainsi que leurs chaussures.
10 – Sécurité ! Sécurité ! arguaient-ils pour étouffer les protestations.

Chacun sur cette plage savait qu'ils profitaient jusqu'au bout de la moindre occasion pour se remplir les poches. Les clandestins n'étaient que les instruments d'une vaste activité
15 très lucrative. Ils subissaient la loi du réseau.

Un à un, les réfugiés embarquèrent sur le bateau. Sam chercha des visages familiers, n'en découvrit aucun. Les plus chanceux parvinrent à s'asseoir sur les traverses. Les autres s'entassèrent pêle-mêle dans le fond de la coque.
20 Pour accélérer l'embarquement, les passeurs aidaient les candidats au départ à monter, les poussaient presque.

Sam se rendait compte qu'ils étaient trop nombreux. Que pouvait-il dire à ces passeurs dont la seule ambition était de rentabiliser au maximum la traversée ?
25 Malgré la confusion, il tentait de garder la tête froide. Il se retira mentalement de la cohue et se concentra sur ses pensées. Le danger était imminent mais le rêve l'attendait, un peu plus loin.

Ce rêve, il aurait tant voulu le partager avec Thiane et
30 Youssou. Avec Sekou aussi. Pour ne pas sombrer dans la mélancolie, Sam les écarta de son esprit. Les yeux rivés sur la

---

2 **fébrile** agité – 3 **manier** *ici :* bedienen – 4 **le carburant** Treibstoff – 8 **remettre** *ici :* donner – 10 **arguer** utiliser comme argument – 15 **un réseau** p. 51 – 17 **familier** connu – 18 **une traverse** *ici : naut* un banc en travers du bateau – 19 **s'entasser** *ici :* sich zusammendrängen – 19 **pêle-mêle** de manière chaotique – 26 **une cohue** Gedränge – 27 **imminent** unmittelbar bevorstehend – 31 **écarter** *ici :* faire partir

boussole, il se répéta à voix haute les consignes, puis posa son regard sur l'horizon.

Cap au nord, dans l'épaisseur de la nuit.

*

Quand le bateau fut chargé, plusieurs hommes le poussèrent
5 vers le large avant de sauter à l'intérieur. Sam démarra le moteur. L'eau s'infiltrait déjà entre les planches mal jointes.

– Il faut écoper, lança-t-il d'une voix ferme à ses compagnons.

Aussitôt débuta le ballet des bouteilles en plastique.

10 Soudain, le moteur toussa, s'étouffa. Sous l'effet du courant, le bateau se plaça en travers des vagues et manqua chavirer. Des cris retentirent.

Sam tira sur le démarreur jusqu'à ce que le moteur se remette à ronronner. Là, il poussa de toutes ses forces sur le gouvernail,
15 mit le cap au nord, puis tourna à fond la poignée des gaz.

À cause de la surcharge, le moteur poussif eut du mal à leur faire franchir le premier rideau de vagues. L'embarcation était instable. À tout moment, elle pouvait se retourner.

Crispé sur la barre, Sam ne se retourna pas pour voir
20 disparaître les lumières de l'Afrique. Comme lui, tous regardaient droit devant, décidés à oublier leur passé et à se raccrocher à l'espoir qui naissait. Après des mois d'attente et de galère, des années d'errance pour certains, ils prenaient enfin la mer.

25 À chaque fois qu'une vague soulevait un peu plus haut le bateau, un cri s'élevait, couvert par les grincements et les craquements de la coque.

---

4 **charger** *ici :* (be)laden – 6 **s'infiltrer** *ici :* einsickern – 7 **écoper** das Wasser ausschöpfen – 10 **tousser** *ici :* stottern – 10 **s'étouffer** *ici :* abwürgen – 11 **manquer faire qc** presque faire qc – 11 **chavirer** p. 58 – 13 **un démarreur** Anlasser – 14 **un gouvernail** *naut* p. 9 – 16 **poussif** *ici :* stotternd – 17 **un rideau de vagues** *fpl* Wellenwand – 19 **crispé sur la barre** *ici :* tenant solidement la *barre* (p. 11) et très concentré – 23 **une galère** *fam* une situation difficile et pénible – 26 **un grincement** *ici :* Quietschen – 27 **un craquement** Knacken

Très vite, certains passagers souffrirent de nausées. La plupart d'entre eux n'étaient jamais montés sur un bateau. Heureusement, la solidarité s'exerça pour laisser les malades près du bord et les soutenir afin qu'ils ne basculent pas à l'eau
5 alors qu'ils vomissaient.

Sam alluma la lampe torche pour vérifier qu'il gardait le bon cap, puis visa une étoile qui brillait dans le ciel juste au-dessus de l'horizon. Aussitôt, il éteignit la lampe pour éviter qu'un des nombreux bateaux patrouillant dans le secteur ne les repère.
10 Par précaution, il la glissa dans un bidon de plastique jaune attaché à la coque, sous ses pieds.

Il eut une pensée pour Thiane, une autre pour Sekou, revit la lueur qui illuminait ses yeux alors qu'il lui avait annoncé son prochain départ.

*

15 Le bateau fendait lentement les flots et traversait la nuit. Pour se maintenir éveillé, Sam laissait traîner sa main libre dans l'eau fraîche puis se frottait la nuque. Il avait tant de fois vu son père faire ainsi, alors que la fatigue de la pêche, après ses longues heures de travail, engourdissait son corps.
20 Aux premières lueurs de l'aube, les côtes africaines s'étaient dissipées. Aussi loin que portaient leurs regards, il n'y avait rien. Ce qui les rassurait. Car plus ils avançaient, moins les risques d'être arraisonnés étaient élevés.

Chacun se protégeait comme il le pouvait du soleil brûlant
25 qui s'élevait dans le ciel. Avec la réverbération sur l'eau, la luminosité était agressive. Personne ne se plaignait.

---

1 **une nausée** p. 79 – 4 **basculer** p. 30 – 5 **vomir** sich übergeben – 7 **viser qc** *ici :* suivre la direction de qc – 19 **engourdir** klamm werden lassen – 20 **l'aube** *f* p. 40 – 21 **se dissiper** disparaître – 22 **rassurer** p. 11 – 23 **arraisonner** *naut pour un bateau :* le stopper et le contrôler – 23 **élevé** *ici :* important – 25 **la réverbération** la réflexion (de la lumière)

Quand il fallut refaire le plein de carburant, un des passagers proposa de nettoyer les bougies du moteur. Sam reconnut les gestes de son père et comprit que l'homme maîtrisait la mécanique. Sa présence à ses côtés le rassura.

*

5 En fin d'après-midi, le ciel face à eux s'obscurcit. Des nuages hauts comme des montagnes barraient l'horizon. Le vent forcit, la crête des vagues blanchit. Bientôt, des vagues rageuses frappèrent la coque, couvrant par moments le bruit du moteur. Le bateau roulait de bâbord à tribord, d'avant en arrière, et 10 semblait aspiré dans des creux toujours plus profonds. Puis il y eut la pluie, glacée, dont les lourdes gouttes poussées par les bourrasques fouettaient les visages.

Devaient-ils faire demi-tour ?

Non, il était trop tard.

---

1 **refaire le plein** wieder voll tanken – 2 **nettoyer** putzen – 2 **une bougie** *ici :* Zündkerze – 5 **s'obscurcir** devenir sombre – 6 **barrer** versperren – 7 **une crête** *ici :* Kamm – 9 **bâbord** *naut* p. 12 – 9 **à tribord** *naut* à droite – 10 **un creux** p. 11 – 12 **une bourrasque** Bö – 12 **fouetter** peitschen

LE NAVIRE

Allongé sur la coque retournée, Sam ne vit pas le noir du ciel s'estomper pour laisser place à l'aube. La fièvre le consumait, lentement, l'éloignant toujours plus de la réalité. Il flottait
5 dans ses rêves, marchant entre les hautes tours d'une capitale d'Europe ou courant la savane avec Youssou dans un corps de phacochère.

Autour de lui, parmi les survivants, le soulagement dominait. Celui d'avoir survécu à la tempête, d'avoir vaincu la nuit. Par
10 chance, le courant avait dispersé les corps qui, quelques heures plus tôt, flottaient autour de l'épave.

La mort s'était éloignée, elle avait passé son chemin. Du moins chacun voulait-il le croire.

Au fil des minutes, l'inquiétude les envahit de nouveau.
15 Bientôt, le soleil apparaîtrait sur l'horizon puis s'élèverait inexorablement dans le ciel, les assommant de ses coups, brûlant leurs ultimes espoirs.

*

Enfin, au loin, ils aperçurent la lumière éclatante d'un phare.
– La côte italienne ! s'écria une femme.
20 Aussitôt une clameur monta, accompagnée de youyous et de cris joyeux. Mais peu à peu, ils durent se rendre à l'évidence. La côte n'était qu'un navire.

L'enthousiasme retomba brutalement.

S'il s'agissait de pêcheurs, ils continueraient leur route, de
25 peur d'être poursuivis pour incitation à la clandestinité.

---

3 **s'estomper** disparaître peu à peu – 3 **consumer qn** *ici :* jdn auszehren – 4 **flotter** *ici :* schweben – 8 **dominer** *ici :* vorherrschen – 10 **disperser** p. 87 – 12 **du moins** zumindest – 18 **éclatant** *ici :* strahlend – 20 **un youyou** *arab* un cri de joie – 21 **se rendre à l'évidence** *f* sich den Tatsachen beugen – 25 **une incitation** *ici :* Verleitung

Mais le navire ne se détourna pas. Il fonçait même droit sur eux. Immense et fier, il fendait les vagues de cette mer qu'il semblait dominer.

Si les garde-côtes étaient italiens, les survivants seraient
5 soignés, conduits vers un camp de transit en Europe, point de départ d'une page à écrire.

Si les garde-côtes étaient libyens, ils seraient arrêtés puis reconduits sans ménagement dans le camp d'internement. Là, des jours difficiles les attendraient. Ils seraient interrogés,
10 torturés et punis. Dès que leur nationalité serait établie, on les expulserait vers leur pays d'origine.

Revenus à leur point de départ, ils replongeraient dans leur vie d'avant avec, chevillé au corps, le même besoin de partir pour espérer vivre ou simplement survivre. Faisant fi de
15 l'horreur du périple, Sam, comme tous les autres, guetterait la moindre occasion pour tenter une nouvelle traversée...

---

2 **fendre les vagues** *fpl* durch die Wellen schießen – 3 **dominer qn/qc** über jdn/etw herrschen – 5 **soigner** p. 62 – 7 **arrêter qn** p. 63 – 8 **sans ménagement** *m* brutalement – 10 **torturer qn** jdn foltern – 10 **punir qn** jdn bestrafen – 13 **chevillé à qc** attaché à qc – 14 **faire fi de qc** ignorer qc – 15 **un périple** un voyage

Note de l'auteur

Une telle fin peut sembler abrupte et laisser un goût de frustration au lecteur.

En procédant ainsi, j'ai souhaité rendre hommage à ces
5 clandestins qui ignorent de quoi la minute suivante de leur vie sera faite.

Au cours de l'année 2014, le HCR (Agence des Nations-Unies en charge des Réfugiés) estime que plus de 200 000 migrants ont tenté de traverser la Méditerranée pour gagner l'Europe.
10 Leurs destinations étaient le plus souvent les îles de Malte et de Lampedusa. 80 % des départs ont eu lieu depuis la côte libyenne.

Ces migrants étaient majoritairement des Syriens, des Érythréens, des Somaliens et des Soudanais, fuyant des
15 guerres, des répressions brutales et, pour certains, le travail forcé.

Près de 3 500 d'entre eux ont perdu la vie lors de leur traversée.

Ils croyaient tous en un avenir meilleur.

20 À l'échelle mondiale, le HCR estime à 350 000 le nombre de migrants qui ont tenté de traverser une mer en 2014.

Jean-Christophe Tixier

Le morceau *Ai Du*
d'Ali Farka Touré, Clarence « Gatemouth » Brown,
25 Jim Keltner, John Patitucci
& Ry Cooder, m'a accompagné en boucle
tout au long de l'écriture de ce texte.

---

4 **rendre hommage à qn** jdn würdigen – 5 **ignorer** ne pas savoir – 20 **à l'échelle** f **de...** auf ... Ebene – 26 **écouter qc en boucle** etw in Dauerschleife hören

Biographie

Jean-Christophe Tixier est né à Pau en 1967.

Après vingt ans passés dans l'enseignement et la formation, il se consacre aujourd'hui totalement à l'écriture.

Il a écrit une vingtaine de romans dans des genres et pour des âges différents. Il est aussi l'auteur de nouvelles et de fictions radiophoniques qui ont été diffusées sur France-Inter.

Début 2019 paraîtront un roman adulte et une bande-dessinée dont il a écrit le scénario.

Il est le créateur et responsable du salon *Un Aller-Retour dans le Noir,* qui invite chaque année à Pau, le premier week-end d'octobre, 25 auteurs français et étrangers de romans noirs.

Désormais, il partage son temps entre Pau, son lieu de naissance, et Paris.

son site : https://www.jeanchristophe-tixier.fr/

Bibliographie non exhaustive

Romans
Dernière Station, Éditions Les Nouveaux Auteurs (2010)

Nouvelles
Le Pacte, Noires de Pau (2004)
Tour de vices, Éditions Terre de Brume (2005)
La Rosalie, Éditions in 8, coll. « La Porte à côté » no 36 (2007)
Porte Sud, Éditions in 8, coll. « La Porte à côté » no 37 (2007)
Copain comme cochon, Éditions in 8, coll. « La Porte à côté » (2017)

Littérature d'enfance et de jeunesse
Trilogie Les Initiés:
Tomas et le Réseau invisible, Rageot (2012)
La Promesse de Lylas, Rageot (2012)
Fugitifs dans la nuit, Rageot (2013)
Série Bienvenue au 50 !
Panique à tous les étages, Rageot (2017)
Le tour du monde des voisins, Rageot (2017)
Autres ouvrages
Parole de sorcier !, Rageot, coll. « Petit roman » (2010)
Sept ans plus tard, Rageot, coll. « Heure noire » (2016)
Le Plus Gourmand des éléphants, Rageot, coll. « Petit roman » (2013)
Foulée d'enfer, Rageot, coll. « Heure noire » (2014)
Dix minutes à perdre, Les Incorruptibles (2016)
*Traqués sur la la*nde, Rageot, coll. « Le Feuilleton des Incos » (2016)
Dix minutes trop tard, Syros, coll. « Souris noire » (2017)
Demain il sera trop tard, Rageot, hors collection (2017)

Et de nombreuses pièces radiophoniques…

Liste des abréviations

≠	antonyme de
→	mot de la même famille
°	après l'article, pas de liaison
[']	pas de liaison
afr	mot africain
arab	mot arabe
etw	etwas
f	féminin
fam	familier
fig	figuré
fpl	féminin pluriel
jdm	jemandem
jdn	jemanden
m	masculin
mpl	masculin pluriel
naut	nautique
qc	quelque chose
qn	quelqu'un